TZIPPORIM

וְצִוָּה֙ הַכֹּהֵ֔ן וְלָקַ֣ח לַמִּטַּהֵ֗ר
שְׁתֵּי־צִפֳּרִ֛ים חַיּ֖וֹת טְהֹר֑וֹת
וְעֵ֣ץ אֶ֔רֶז וּשְׁנִ֥י תוֹלַ֖עַת וְאֵזֹֽב׃

»So gebiete der Kohen, dass man für den,
der sich reinigen lässt, zwei lebendige
reine Vögel (*Tzipporim*) und Zedernholz
und Karmesin und Ysop nehme.«

– Wajikra 14,4

Tziporim – Judentum und Social Media

ISBN 9783755748045
ISBN ebook 9783755747703
Gelsenkirchen

Januar 2022/Schewat 5782

Chajm Guski
www.sprachkasse.de
chajm@sprachkasse.de

Ein Titeldatensatz für diese Publikation ist bei der Deutschen Nationalbibliothek erhältlich.

Herstellung und Verlag: BoD – Books in Demand, Norderstedt

Inhalt

Wohin geht unsere Reise?

> Rabbi Jose sagt, der Mensch werde täglich
> gerichtet.
>
> – Rosch haSchana 16a
>
> »Furcht führt zu Wut, Wut führt zu Hass, Hass
> führt zu unsäglichem Leid«

Ist das ein Zitat aus den »Pirkej Awot«, den »Sprüchen der Väter«? Obwohl es weise ist, stammt das Zitat nicht aus einer jüdischen Schrift, sondern von »Meister Yoda«[1] (ja, der aus »Star Wars«). Die jüdische Tradition hat ihre eigene Sammlung an Weisheiten geschaffen – allerdings nicht auf einem Drehbuch basierend, sondern sie entstanden aus realen Erfahrungen mit und in der eigenen Gesellschaft und natürlich im Austausch mit anderen Gesellschaften. Wie wir gleich sehen werden, ist die Halacha, das jüdische Religionsgesetz, keine Utopie, sondern die Auseinandersetzung mit ganz realen Problemen.

Dieser kleine Leitfaden ist nicht nur für *observante*[2] Jüdinnen und Juden gedacht, sondern für »members

[1] Star Wars: Episode I, Die dunkle Bedrohung, Kapitel 30.
[2] Das Wort *religiös* wird hier weitestgehend vermieden, denn im allgemeinen Sprachgebrauch zielt es auf Überzeugungen und »Werte«. *Observant* bezieht sich darauf, ob jemand tatsächlich jüdisch lebt und Mitzwot Teil des Lebens sind. Es liegt auf der Hand, dass es am Ende seltsam erscheint, wenn man von jüdischen Werten *überzeugt* ist, aber diese dann nicht in die Tat umsetzt.

of the tribe« im Allgemeinen und diejenigen, die sich dafür interessieren, wie man *jetzt* oder in Zukunft digital miteinander umgehen könnte.

Nicht nur Jüdinnen und Juden ist aufgefallen, dass die Zusammentreffen verschiedener Personen und Interessen in den Social Media Kanälen kein kollektives Ponystreicheln ist. Dabei sind Twitter, Facebook und Instagram gute Werkzeuge – wenn man sie vernünftig verwendet.

Es ist also schon beabsichtigt, dass sich hier auch »nichtobservante« Jüdinnen und Juden oder Nichtjuden wiederfinden. Aus diesem Grund wurde auf Begriffe in hebräischer Schrift verzichtet und lediglich die Transkription verwendet. Observante Jüdinnen und Juden werden wissen, worum es geht und alle anderen erwerben ein Insider-Vokabular.

Was hat die jüdische Tradition entwickelt und bewahrt, das uns hilft, heute mit bestimmten Phänomenen umzugehen? Die Halacha, das jüdische Religionsgesetz, kann hier hilfreich sein, denn das Bild, dass sie vom Zusammenleben in einer Gemeinschaft zeichnet, ist alles andere als romantisiert. Wer sich mit halachischen Texten beschäftigt, wird feststellen, dass es auch um die Schmerzpunkte im menschlichen Zusammenleben geht, nicht um eine idealisierte Form der Gesellschaft oder Gemeinschaft. Dort, wo Menschen gemeinsam leben, kommt es zu intensivem Austausch und Umgang. Konflikte sind deshalb keine Seltenheit. Dementsprechend bildet dies auch die Halacha ab. So heißt es im Talmud (Kidduschin 30b):

> »Glücklich ist der Mann, der seinen Köcher

voll davon hat; sie werden nicht zuschanden werden, wenn sie mit ihren Feinden in ihrem Tor reden.« (Tehillim 127,5). Die Gemara fragt: Was ist die Bedeutung des Ausdrucks »Feinde in ihrem Tor«? Rabbi Chijja bar Abba sagt: Sogar ein Vater und sein Sohn, oder ein Rabbi und sein Schüler, die sich gemeinsam in einem Tor mit der Torah beschäftigen, werden einander zu Feinden. Aber sie gehen nicht von dort weg, bis sie sich lieben.

Ein moderner[3] (und sehr bekannter und einflussreicher) *Posek* (Entscheider), Rabbiner Mosche Feinstein (1895 – 1986) hat in seiner Responsensammlung *Igrot Mosche* auch für die Auseinandersetzung über die Torah selber *festgehalten*:

Weil es fast unmöglich ist, dass alle Menschen die gleiche Ansicht und den gleichen Standpunkt haben, können wir es auf jeden Fall in Betracht ziehen, dass es, obwohl es keinen Mangel im Glauben gibt, G!tt[4] bewahre, und obwohl es keinen Streit über körperliche Begierden wie Diebstahl, Raub und dem Führen von Kriegen gibt, wie sie unter den [anderen] Nationen existieren, dass es Streitigkeiten darüber geben wird, wie die Gesetze der Torah zu erfüllen

---

3| Im Sinne von »zeitgenössisch«.

4| Rabbiner Michael Goldberger sel. A. hat in seiner Zeit in Düsseldorf in einer Grußkarte zu Rosch haSchanah einmal den Wunsch zum Ausdruck gebracht, dass wir häufiger G-tt, statt mit einem Bindestrich, viel mehr mit einem Ausrufezeichen schreiben sollen. Dieser, berechtigten, Forderung, soll hier nachgekommen werden.

> sind. Es wird getrennte Gruppierungen geben, jeden großen Rabbiner und seine Schüler, wie wir es im Talmud sehen, dass es zu fast allen Gesetzen der Torah eine Vielzahl von Streitigkeiten der Weisen gibt, und so wird es in jedem Zeitalter sein. *Igrot Mosche, Orach Chajim 4,25*

Ein gutes Beispiel für das, was die Tradition für die heutige Zeit mitbringt, können wir beispielsweise auf den den Tag des »Abschaltens« schauen:

Man muss nicht *Schomer Schabbat* sein, um (irgendwann) zu erkennen, dass ein Tag ohne Social Media kein verlorener Tag ist. Tiffany Shlain und Ken Goldberg haben sich 2010 dafür speziell den *Technology Shabbat* ausgedacht. Sie wollten damit einen Tag der Ruhe oder des Verzichts auf die Nutzung aller Technologien mit Screens bewerben: Smartphones, PCs, Tablets und das klassische Fernsehen [5]. *Observante* Jüdinnen und Juden werden den Schabbat natürlich nicht deshalb begehen, weil er den Bezug auf einen selber (abschalten, um sich entspannen zu können) nicht hat und statt dessen auf die religiöse Bedeutung des Tages verweisen und ein Ego-Konzept sogar ablehnen. Der Tag will aber mehr sein als das. Shlain und Goldberg verweisen auf den jährlichen »National Day of Unplugging« [6] am ersten Schabbat im März.

Die Erfinder des ersten »National Day of Unplugging« (NDU) stellten allem ein »Sabbath Manifesto« (Schabbat Manifest)[7] mit zehn Punkten voran:

5| Shlain, Tiffany. »Tech's Best Feature: The Off Switch«. Harvard Business Review, 1. März 2013.
6| Siehe die Website nationaldayofunplugging.com
7| sabbathmanifesto.org

- Vermeide Technologie.
- Verbinden Dich mit geliebten Menschen.
- Kümmere Dich um Deine Gesundheit.
- Geh nach draußen.
- Vermeide Kommerz.
- Zünde Kerzen an.
- Trinke Wein.
- Iss Brot.
- Finde Stille.
- Gib etwas zurück.

Es sind also Elemente des Schabbats für diejenigen, die einem religiösen Konzept eher nicht so nahe sind oder nicht jüdisch sind. Beides soll vorkommen.

Ich habe kein Problem!

Wer in den sozialen Netzwerken unterwegs ist, möchte »gesehen« werden, oder begnügt sich damit, nur anderen zu folgen und zu konsumieren. Wer aber tatsächlich gesehen werden möchte, der muss andere dazu bringen, die eigenen Botschaften zu teilen. Bei Twitter sind es Retweets. Bei Facebook möchte man, dass Beiträge geteilt werden. Kommentare wären auch nicht schlecht. Das sorgt dafür, dass der eigene Beitrag sichtbar bleibt. Wie erreicht man das? Durch Emotionen. Die ausgesendeten Botschaften müssen eine Emotion ansprechen. Erst dann lösen sie eine Reaktion aus, oder viel besser: Viele Reaktionen. Und es liegt nahe: Die Emotion, die besonders viele Reaktionen *triggert*, ist eine negative. Empörung funktioniert gut. Entweder, indem man sie selber hervorruft, oder weiterträgt. Man kann Screenshots antisemitischer Texte von bekannten Hetzern den Behörden übergeben und die Öffentlichkeit davor schützen, oder die Bilder auf Twitter teilen und sich von der Welle der Empörung tragen lassen und dabei ganz nebenbei die Botschaft weitertragen. Das ist natürlich nicht beabsichtigt, wird aber dadurch gemacht. Die Tweets von Donald Trump waren meist nicht sehr differenziert, aber sie haben Emotionen ausgelöst und darum ging es ihm und seinen Beratern. Jede Reaktion hat ihm genutzt. Wer die Menschen zur Weißglut bringt, generiert auch Aufmerksamkeit. »XY sorgt mit Tweet für Empörung« dürfte häufiger in den Zeitungen gestanden haben, als etwa »XY hat bei Twitter differenziert argumentiert!« Das ist wissenschaftlich untermauert. Chinesische Wissenschaftler haben 2013 Nachrichten innerhalb des Netzwerks *Weibo* analysiert (das ähnlich zu Twitter ist). Dabei untersuchten sie etwa 70 Millionen Nachrichten von 200.000 Nutzern. Sie haben festgestellt, dass Nachrichten, die Wut auslösten, die größte Verbreitung fanden[8].

Zum *Triggern* der Emotion kommt dann noch zwangsläufig das Thema *Geschwindigkeit*. Wer ein Thema erst nach vielen anderen skandalisieren möchte, hat schlechte Karten gegen diejenigen, die schneller waren. Das bedeutet unweigerlich, dass Fakten nicht mehr überprüft werden können.

Warum wollen wir das überhaupt? Es kann natürlich sein, dass man einfach Werbung machen möchte und

---

8| Fan, Rui, Jichang Zhao, Yan Chen, und Ke Xu. „Anger Is More Influential than Joy: Sentiment Correlation in Weibo". Herausgegeben von Rodrigo Huerta-Quintanilla. PLoS ONE 9, Nr. 10 (15. Oktober 2014): e110184. https://doi.org/10.1371/journal.pone.0110184.

deshalb eine große Sichtbarkeit erreichen muss. Wer es als Einzelperson macht, der tut es, weil sein Gehirn ihn für die kleinen Erfolge in den sozialen Netzwerken belohnt. Erhält ein Tweet oder Beitrag bei Facebook ein *Like*, dann wird das Belohnungszentrum des Hirns aktiviert. Das ist der Bereich des Gehirns, der auch beim Essen, Trinken, Sexualität oder Drogenkonsum aktiviert wird. Das zeigte eine Untersuchung aus dem Jahr 2013 an der Freien Universität Berlin. Sie beobachtete genau, welche Hirngionen bei der Interaktion in sozialen Netzwerken aktiv sind.[9] Ab einem bestimmten Stadium der Nutzung geht es darum, sich gut zu fühlen und an den Stoff zu kommen, der vom Körper ausgeschüttet wird: Dopamin.

Das sorgt zwangsläufig dafür, dass in den sozialen Medien Nachrichten mit einem negativen Ton oder negativen Nachrichten häufiger anzutreffen sind. Diese *Technik* ist schon längst in die reale Welt eingesickert. Das Problem daran ist: Wir sind uns dessen nicht immer bewußt. Wenn wir uns dies aber vor Augen halten, dann beginnen wir auch die Kommunikationstaktiken anderer Nutzer zu hinterfragen. Vielleicht fragt sich dann jede und jeder, wie man es selber besser machen könnte. In einer idealen Welt bemüht man sich dann darum, die entsprechenden Stellschrauben zu drehen. Dieses kleine Büchlein bietet sich als Helfer dabei an. Leider steht

---

9| Meshi, Dar, Carmen Morawetz, und Hauke R. Heekeren. »Nucleus accumbens response to gains in reputation for the self relative to gains for others predicts social media use«. Frontiers in Human Neuroscience 7 (2013). https://doi. org/10.3389/fnhum.2013.00439.

der Preis dafür vermutlich schon fest: Es wird Sichtbarkeit verloren gehen. Vielleicht schafft man es dann aber auch, Kontakt zu Gleichgesinnten zu knüpfen und sich mit ihnen zu vernetzen, statt sich tagtäglich der Emotionalisierung auszusetzen.

Wir haben gerade gesehen, dass der Körper auf Postings in den Sozialen Medien reagiert. Bin ich als Nutzer noch in der Lage, mein Verhalten zu steuern? Mal davon abgesehen, dass die Netzwerke Nutzer natürlich binden wollen.

Mittlerweile setzen einige Netzwerke auch Elemente aus dem Bereich der *Gamifaction* ein (etwa Facebook in Gruppen): Darunter versteht man Einsatz von spielähnlichen Elementen wie Punktevergabe, Wettbewerb und Regeln zur Belohnung von Verhalten in Umgebungen, die eigentlich keine Spiele sind. Man kann (eigentlich sinnlose) Abzeichen oder Auszeichnungen erhalten. Bei Google Maps etwa, kann man bewerten, erhält aber auch Punkte dafür und virtuelle Auszeichnungen. Es sorgt kurzfristig für ein gutes Gefühl, wenn eine Mail eintrifft in der steht »150.000 Aufrufe für deine Fotos«. Was ich davon habe? Eigentlich nur die Gewissheit, dass Menschen die Bilder gesehen haben. Bestätigung. Dopamin.

Der Nutzer soll in der Anwendung gehalten werden. Das ist das einzige Ziel. Und vielleicht sollten wir es an dieser Stelle erwähnen: Wir, die Nutzer, sind nicht die Kunden der sozialen Netzwerke. Kunden sind diejenigen, die Anzeigen über die Netzwerke schalten. Genau deshalb ist es wichtig, dass wir alle möglichst viel Zeit in den Netzwerken verbringen und genau deshalb widerspräche es der geschäftlichen Logik, emotionalisierende oder diskursive Beiträge aus den Netzwerken zu löschen oder zu beschränken.

Kein Problem?

Ist man tatsächlich im Netzwerk gefangen? Die meisten Leserinnen und Leser werden das entschieden zurückweisen. Hier ein paar einfache Fragen zeigen, ob ich selber das Steuer noch in der Hand habe:

- Habe ich das Gefühl, ich würde etwas verpassen, wenn ich nicht bei Twitter oder Facebook bin?
- Schaue ich mehrfach nach Benachrichtigungen des Smartphones?
- Habe ich das Gefühl, ich müsste mich bei anderen Nutzern »abmelden«, wenn ich etwas anderes, gar offline, mache?
- Habe ich das dringende Gefühl, ich *müsste* auf etwas antworten?
- Habe ich das Bedürfnis, von einer Situation unbedingt ein Foto machen zu müssen – für die *Follower* – nicht für eine spätere Erinnerung?

Kann man eine dieser Fragen mit »Ja« beantworten, dann nutzt man Social Media nicht mehr als Werkzeug, sondern ist selber Werkzeug der Anwendung. Das verbraucht viel Zeit. Abgedroschen, aber Zeit ist kostbar, das Internet insgesamt und besonders die sozialen Medien können sich als »schwarzes Loch« erweisen. Aufmerksamkeit geht verloren, Aufgaben bleiben vielleicht liegen, man ist mit dem Kopf woanders. Es kann vorkommen, dass man Zeit dafür aufwendet, Menschen bei Streits zuzuschauen, oder Formate konsumiert, die einfach keinen Wert haben. Es gibt einen einfachen (aber recht schmerzhaften) Weg, festzustellen, ob ich Zeit für etwas aufwenden möchte.

Im europäischen Raum nannte man dieses Konzept *Memento Mori Gedenke, dass Du stirbst.* Dieses Konzept gibt es, wie sollte es anders sein, auch im Judentum. Im Buch Kohelet (3,19) heißt es:

> Denn das Geschick der Menschen ist wie das Geschick des Viehes ein Geschick trifft sie alle; wie das stirbt, so stirbt jener; und einen Geist haben sie alle, der Mensch hat keinen Vorzug vor dem Vieh, denn alles ist eitel.

Nicht zeitgemäß? 2013 dachte sich Fredrik Colting eine Uhr namens *Tikker* aus. Wer sie kauft, kann sie nicht sofort nutzen. Zuvor muss man einen Fragebogen zu seinen Lebensumständen ausfüllen. Basierend auf den gemachten Angaben errechnet *Tikker* das Sterbedatum des Besitzers und zählt fortan unbarmherzig seine verbleibende Lebenszeit herunter[10]. Makaber – aber effektiv. Wer will sich, angesichts der noch verbleibenden Zeit, mit Dummheiten (jiddischer Fachbegriff dafür: »Narischkajten«) beschäftigen? Das Verschwenden kostbarer Zeit, die man auch für Torah hätte verwenden können, wird als *Bitul Torah* bezeichnet. In den *Pirkej Awot*, den Sprüchen der Väter (3,7) heißt es sogar:

> »Rabbi Ja'akow sagte: Wer spazieren geht und das Gesetz wiederholt, aber das Studium unterbricht und sagt: Wie schön ist dieser Baum!

10| Die Funktionsweise wird auf der Internetseite des Unternehmens im Detail beschrieben: https://mytikker.com/pages/what-is-tikker

> Wie schön dieses Feld! dem rechnet man es an,
> als hätte er seine Seele befleckt.«

Im Talmud (Chagigah 12b) wird berichtet:

> Rabbi Levi sagte: Jeder, der von den Worten
> der Torah innehält – um sich mit weltlichen
> Gesprächen zu beschäftigen, wird mit den Koh-
> len vom Ginsterbaum gefüttert werden, wie es
> heißt: »Sie pflücken Salzkraut mit Wermut,
> und die Wurzeln des Ginsterbaums sind ihre
> Nahrung« (Ijow 30,4)

Soweit wollen wir hier nicht gehen, weil wir ja nun für
das Thema sensibilisiert sind, aber wir sollten es im Hinterkopf behalten und später ins Kapitel »Bitul Torah«
schauen.

Wir werden erzogen

Die »neuen« Webdienste haben uns mittlerweile erzogen. Zur Ungeduld zum Beispiel: viele Algorithmen
schlagen uns Dinge vor, bevor wir daran gedacht haben, sie zu brauchen. Netflix, Amazon Prime Video:
Auswahlen wurden schon getroffen und vorgefiltert.
Google hat perfekt zugeschnittene Suchergebnisse.
Manchmal muss man nicht einmal die gesamte Seite
mit den Suchergebnissen durchschauen. Statt Begriffen
kann man auch einfach eine Frage formulieren und erhält eine Antwort – ohne lästiges Blättern: »Was ist der
Talmud?«. Google filtert die Ergebnisse und bereitet
sie perfekt auf. Für »was ist der Talmud« lesen wir eine
perfekte Wörterbuchdefinition und alternative Fragen,
wie »Was ist der Unterschied zwischen Torah und Talmud?« mit einer kurzen Antwort. Wer hinter der Ant-

wort steckt, mag da nur noch von geringem Interesse sein. Ist es überflüssig zu erwähnen, dass hier auch Unsinn stehen könnte? Man hinterfragt ja die Quelle nicht.

Gleiches gilt für »Bewertungen«. Jeder Ort, ja sogar Bushaltestellen, hat im Internet eine Bewertung. Auch KZ Gedenkstätten. Dachau zum Beispiel: Ein »Stern« von einer Nutzerin die schrieb: »[...] Als Hundebesitzer darf man nicht mit Hund rein..«

Eine andere: »Da fährt man mehrere Hunderte Kilometer um dann bevor man nur in die Nähe des Tores kommt von einem Anweiser verwiesen wird. WEIL man mit einem kleinen Hund nicht aufs Gelände darf! Dafür haben wir für 3,00€ einen schönen Kiesparkplatz gesehen.« (Rechtschreibung und Zeichensetzung nicht angepasst). Nutzer »Julien« schrieb: »Dachau war eine Enttäuschung«. Denise schreibt: »Mir wurde das verzehren von Lebensmitteln untersagt« und vergibt dafür ebenfalls nur einen »Stern«.

Das sollte ausreichen, um die Absurdität zu zeigen. Wir werden darauf trainiert, zu bewerten und zu »liken«. Der Schritt von der Bewertung zum Urteil ist dabei nicht weit. Man muss sich nur genug Bewertungen durchlesen, um diesen Gedanken nachvollziehen zu können. Obwohl, lieber nicht. Das Problem ist allerdings: Wir wenden das auch im Leben außerhalb der Karten- oder Bewertungsapp an.

Der Prophet Micha hatte dazu eine andere Meinung:

> »Was verlangt G!tt von dir? Es ist dir gesagt, Mensch, was gut ist und was der Herr von dir

fordert, nämlich G!ttes Wort halten; Liebe und Gerechtigkeit zu üben und bescheiden mit G!tt zu wandeln« (Micha 6,8).

Mein Gegenüber

Jankel hat Glück gehabt. Er wurde in eine Familie geboren, die viel Geld mit Tabletten für ein gutes Gedächtnis verdient hat. Das Zauberwort ist Ginkgo. Ginkgo-Tabletten. Das Geschäft lief immer gut. Dann hat Jankel die Firma geerbt. Er modernisierte ein wenig und der Umsatz schoss durch die Decke. Jeder wollte ein gutes Gedächtnis haben. Natürlich wurde er immer wieder zu seinem Erfolg befragt. Bis schließlich ein Journalist fragte, ob Jankel selber glaube, dass die Tabletten überhaupt helfen. »Natürlich!« antwortet Jankel. Die Frage ist, ob wir ihm glauben. Er sagt, die Tabletten seien wirksam. Also wirklich?[11]

Die meisten von uns werden ihm das nicht abnehmen. Wir haben schon Schwierigkeiten damit, uns überhaupt vorzustellen, dass er ernsthaft auf die Idee kommen könnte.

Und nun die Frage anders herum: Gibt es etwas, von dem wir selber überzeugt sind? Also vollständig?

Dieses Phänomen wird als *Introspection illusion* bezeichnet. Es scheint ganz natürlich zu sein, dass wir unserer eigenen Wahrnehmung mehr trauen, als der

---

11| Das Beispiel stammt von Kathryn Schulz. Sie beschrieb allerdings den Erben einer Firma, die Tee vertrieb. Schulz, Kathryn. Being Wrong: Adventures in the Margin of Error. First Ecco Paperback edition. New York: Ecco, 2011.

anderer. Auch, wenn sie auf die gleiche Art und Weise zustande kam. Natürlich erheben wir uns damit über andere. In den wilden Diskussionen im Netz vergisst man diese Erkenntnis gerne. Unserem Gegenüber müssen einfach noch wesentliche Informationen fehlen!

Es sind diese unterschiedlichen Erwartungen aneinander, die zu Konflikten führen. Dabei sollten wir eigentlich das sein, was Rabbiner Lord Jonathan Sacks (*seligen Angedenkens*) häufiger forderte: »Bleib Deinem Glauben treu und sei ein Segen für andere, unabhängig von deren Glauben.« Ein Segen für andere sein. Das ist doch ein gutes Ziel?

Lord Jonathan Sacks (seligen Angedenkens) hat auch etwas über unterschiedliche Ansichten gelehrt:

> Die Wahrheit hier auf der Erde ist weder die ganze Wahrheit, noch kann sie es je sein. Sie ist begrenzt, nicht umfassend; partikular, nicht universal. Wenn sich zwei Aussagen widersprechen, dann nicht unbedingt, weil die eine wahr und die andere falsch ist. Es kann sein, und oft ist es auch so, dass jede eine andere Perspektive auf die Realität darstellt, eine alternative Art der Strukturierung der Ordnung, nicht mehr und nicht weniger messbar als ein Shakespeare-Sonett, ein Michelangelo-Gemälde oder eine Schubert-Sonate. Im Himmel gibt es Wahrheit – auf der Erde gibt es Wahrheiten. Deshalb hat jede Kultur etwas beizutragen. Jeder Mensch weiß etwas, das niemand anderer weiß. Die Weisen fragten: »Wer ist weise?« Der Weiseste ist nicht derjenige, der sich selbst für weiser

hält als andere, sondern derjenige, der weiß, dass alle Menschen einen Anteil an der Wahrheit haben. Es ist derjenige, der weiß, dass alle Menschen einen Anteil an der Wahrheit haben, und der bereit ist, von ihnen zu lernen, denn keiner von uns kennt die ganze Wahrheit und jeder von uns kennt einen Teil davon.[12]

Wir wollen also schauen, wie man vielleicht durch sein eigenes Verhalten ein Segen für andere sein kann.

Sechs wichtige Punkte

Es gibt sechs wesentliche Punkte für die Kommunikation im Netz – sie sind eigentlich selbstverständlich, aber man vergisst sie häufig:

- Das Internet und somit auch die sozialen Medien sind durchsuchbar. Jeder kann jederzeit an jedem Ort der Welt Beiträge suchen und finden. Dinge, die wir dort schreiben oder veröffentlichen, sind nicht mehr *privat*.
- Sofern ein Dienst nicht offline geht, kann dies heute, morgen oder in 20 Jahren geschehen. Einige Informationen sind auch dann noch verfügbar, wenn eine Website schließt. Der Dienst archive.org hat Kopien der meisten (relevanten) Websites erstellt. Die *Library of Congress* hat 2010 begonnen, Tweets zu archivieren.[13] Seit 2017 zwar nicht mehr alle

---

12| Übersetzt und zitiert nach: Rabbi Jonathan Sacks. *The Dignity of Difference: How to Avoid the Clash of Civilizations.* London, Continuum, 2002; Seiten 64–65

13| Vereinbarung aus dem Jahr 2010: blogs.loc.gov/loc/files/2010/04/LOC-Twitter.pdf

Tweets, aber viele werden nicht einfach *vergessen* werden.

- Beiträge sind kopierbar — sobald sie gefunden wurden, können sie kopiert und dann wieder geteilt werden.
- Kopierte Beiträge könnten verändert werden. Technisch ist das heute nicht schwer machbar.
- Auch wenn man es nicht sieht: ein Publikum liest, möglicherweise weltweit, alles mit. Auch dann, wenn Beiträge vermeintlich privat sind. Wenn sie interessant sind, könnten *Freunde* sie dennoch teilen (kopieren, oder einen Screenshot erstellen). Ein weiteres *Feature* der meisten Dienste darf nicht vergessen werden: alle schriftlichen Äußerungen sind heute nur noch einen Klick von einer Übersetzung entfernt – auch wenn diese natürlich (noch) Potential für Verbesserungen haben.
- Sind die Beiträge geteilt, dann hat man keine Kontrolle mehr, was Dritte damit anstellen.

Nehmen wir den Fall von Ghyslain Raza[14]. Kate Eichhorn beschreibt ihn in ihrem Buch »The End of Forgetting« über das Aufwachsen mit und in den sozialen Medien.

Ghyslain Raza, ein kanadischer Teenager, nahm sich 2002 auf, wie er eine Golfball-Angel wie ein Lichtschwert schwang. Dieses Video wurde von einem Mitschüler entdeckt und unter dem Titel »Star Wars Kid« ins Netz geladen. Das Video wurde später von Millionen von Menschen angesehen. Damit dürfte das Video zu den ersten viralen Videos des Internets gehören. Raza

---

14| Kate Eichhorn: *The End of Forgetting: Growing Up with Social Media*, Cambridge, 2019

wurde in der Schule massiv gemobbt und musste letztendlich in der Psychiatrie behandelt werden. Im Jahr 2013 hatte er zwar rechtliche Schritte gegen das Video unternommen, es war aber nicht möglich, es aus dem Netz zu bekommen. Damals sprach er öffentlich über seine Erfahrungen und berichtete über seine Überlegungen, Selbstmord zu begehen.[15] Eichhorn berichtet in ihrem Buch auch von einem ihrer Studenten. Aus einer Kleinstadt kommend, wollte er Abstand zu seiner Heimatstadt gewinnen, doch der Facebook-Stream holte ihn immer wieder zurück. Seine Freunde aus der Highschool posteten Fotos aus der Highschool-Zeit und markierten ihn immer wieder. Auch nach Anlage eines neuen Profils wurde er stets wiedergefunden und immer wieder markiert. Seine Kindheit und Jugend ließ ihn nicht mehr los. Aufwachsen mit den sozialen Medien macht es praktisch unmöglich, sofern alles dokumentiert ist, sich zu lösen.

Das Netz ist schnell verwendet, es wird uns ja auch leicht gemacht, aber was, wenn wir uns unser heutiges »Ich« in zehn Jahren nicht mehr gefällt? Grundlegende Orientierungspunkte könnten hilfreich dabei sein, einige Aspekte, von Beginn an, zu vermeiden.

Chofetz Chajim

Chofetz Chajim von Rabbi Israel Meir Kagan (oder auch Rabbi Israel Meir haKohen) ist das wichtigste Werk zur jüdischen Ethik des *Sprechens* oder Kommunizierens. Es erschien 1873 unter dem Titel *Chofetz Chajim* – ohne

---

15| Kate Eichhorn 2019

Nennung des Urhebers, weil Rabbiner Israel Meir Kagan den Fokus vollständig auf die Botschaft der Zusammenstellung legen wollte. Der Titel leitet sich ab aus *Tehillim* 34 (13–14), den Psalmen:

> Wer von Euch das Leben begehrt (*chofetz chajim*) und viele gute Tage sehen will, bewahrt seine Zunge davor, Böses zu sprechen und die Lippen davor, zu lügen.

Zu seiner Zeit war *Chofetz Chajim* ein Bestseller und es gelang zu großer Verbreitung. Weil viele tatsächlich nicht wussten, wer der Autor war, wurde er von vielen weiterhin nur noch der *Chofetz Chajim* genannt. Das ist übrigens ein guter jüdischer Brauch, Persönlichkeiten nach ihrem beliebtesten Buch zu benennen. Wie etwa Mordechaj ben Awraham Joffe (etwa 1530 bis 1612), genannt *Lewusch* nach seinem Werk *Lewusch Malkut*, oder Rabbiner Jehudah Arjeh Leib Alter (»Jeder Mensch ist für die eine Aufgabe geschaffen, für die er in einzigartiger Weise qualifiziert ist und die nur er erfüllen kann«), genannt *Sefat Emet*, nach seinem Torahkommentar mit diesem Titel. Der Autor Jacob Katz wird sicherlich hoffen, ein weiteres bekanntes Buch zu schreiben, denn sei bekanntestes Werk heißt »The Shabbes Goy«.

Chofetz Chajim ist in erster Linie für diejenigen gedacht, die ohnehin schon *observant* sind, aber Teile des Werks sind in den Zeiten der Sozialen Medien aktueller als jemals zuvor. Sie bieten Richtlinien an. Wir werden auf den folgenden Seiten recht häufig und ausführlich in Übersetzungen aus dem *Chofetz Chajim* schauen und die Brücke in die heutige Zeit schlagen. Eine zeitgemäße Diskussion kann uns helfen, heute eine Haltung zur

Sprache übereinander zu entwickeln. Sie eigenen sich übrigens auch als *Benchmark*. Wer im Netz behauptet, besonders observant zu sein, aber sich an bestimmte Spielregeln nicht hält, ist vielleicht nur einer jener Nutzer, die ihre Präsenz und ihr Ego ein wenig aufbauschen.

Zur Nutzung dieses Büchleins

Natürlich ist dies eine Art Kompendium, jedoch wäre es hilfreich, es »bei der ersten Verwendung« vollständig zu lesen und es erst danach als Nachschlagewerk zu nutzen.

Am Ende des Buchs steht die FUENF-Regel. Das sind die Punkte, die man auf dem Weg durch die sozialen Medien im Hinterkopf haben sollte.

Der Autor dieses Büchleins ist kein *Posek* (rabbinischer Entscheider) – lediglich jemand, der den Sachstand zusammenträgt und versucht, möglichst übersichtlich darzustellen. Bei konkreten Fragen sollte man sich an eine lokale rabbinische Autorität wenden. Informierte Fragesteller stellen gute Fragen! Rabbiner werden das mögen.

Welche Kanäle stehen im Fokus?

Die Hinweise und Dinge wir uns gemeinsam anschauen, können hilfreich für jeden Social Media Kanal sein. Hier stehen in erster Linie Facebook, Twitter und Instagram im Vordergrund. Natürlich gibt es noch viel mehr soziale Netzwerke – oder Angebote mit Elementen von sozialen Netzwerken, wie: Xing, Tumblr, LinkedIn, WhatsApp, Snapchat, Pinterest, Reddit, YouTube, Mix, Tagged, Nextdoor, Deviantart, Quora, Meetup,

ReverbNation, Flixster, Goodreads, Twitch, Caring-Bridge, Wattpad, Viadeo, Crunchyroll, Skyrock, VK, LiveJournal, Classmates, SoundCloud, Bubbly, Flickr, We Heart It, Influenster, FilmAffinity, Open Diary, Yelp, CollegeHumor, Gaia Online, MocoSpace, CouchSurfing, Funny or Die, italki, eToro, XING, MeetMe, Ravelry, Care2, YY, Vero, Medium, WeChat und Tribe. Die Liste ist sicher schnelllebig und fünf Minuten nach ihrer Zusammenstellung bereits wieder bereit für Updates.

Zudem gibt es noch zahlreiche Anbieter und Dienste für Chats. Die Chats decken berufliche und private Zwecke ab. Alle haben verschiedene Angebote und niemand kann tatsächlich alle Kanäle geöffnet halten: WhatsApp, Telegram, Direktnachrichten über Twitter, Facebook oder Instagram, Signal, Slack, Teams, ICQ oder iMessage. Ein konsistentes Verhalten in den Kanälen, die man bedient, könnte hilfreich sein.

TikTok? Richtig. Wie sieht es mit dem Dienst Tik-Tok aus? Der Dienst ist ein Vorreiter! Ein Vorreiter bei der Senkung der Aufmerksamkeitsspanne. Kurze 15 Sekunden Videos erziehen die Nutzer dazu, sich nicht mehr lange mit Themen beschäftigen zu wollen. Der Dienst kommt aus China, aber das Land hat ihn gesperrt. Was sonst muss man noch darüber wissen?

Verbindlichkeit

Wir haben uns daran gewöhnt, dass öffentliche Versprechen nicht immer eingehalten werden. Oft werden besondere Umstände herangezogen, warum man sie brechen musste. »Die Änderungen in der Gemeinde konnten nicht durchgeführt werden, weil …«, »wir konnten die Steuern zu diesem Zeitpunkt nicht senken, weil …«, oder »Sie wissen doch, wie das gemeint war.«

Vor allem Menschen in Spitzenpositionen sind in besonderem Maße gefordert, ihren Worten Glaubwürdigkeit zu verleihen.

In der Torah spricht Mosche zu den »Häuptern der israelitischen Stämme«:

> »Folgendes hat HaSchem[16] befohlen: Wenn ein Mann HaSchem ein Gelübde tut oder einen Eid schwört« (Bamidbar 30, 2-3).

Ein Gelübde, hebräisch *Neder*, und ein Eid, *Schwua*, sind in der jüdischen Tradition eine Sache, mit der nicht leichtfertig umgegangen werden darf – so wie überhaupt jedes gesprochene Wort mit Ernst zu behandeln ist. Die Torah erzählt, dass G!tt dem Menschen Leben eingehaucht hat, und der Mensch dadurch zu einer *Nefesch*

16| HaSchem? Haschem bedeutet »der Name« und steht für das Tetragrammaton, den Namen G!ttes aus den vier Buchstaben. In immer mehr nichtdeutschen Übersetzungen der Torah und jüdischer Texte, setzt sich dies langsam durch und so verzichtet auch talmud.de auf das Mendelssohnsche »Der Ewige« und somit auf die Interpretation des Namens.

chaja, einer lebendigen Seele, geworden sei. An dieser Stelle übersetzt Onkelos dies mit »*Ruach Memal'la*«, »sprechender Geist«. Die Sprache zeichnet den Menschen besonders aus. Erinnern wir uns an die Worte Bileams, der Israel mit einem Spruch verfluchen sollte, es aber segnete. Das gesprochene Wort machte den Unterschied. In der Torah fällt dem gesprochenen Wort eine besondere Bedeutung zu: Einmal geäußert, ist ein *Neder* verbindlich. Eine solche Selbstverpflichtung kann den gleichen Status wie ein Torahgebot haben. Um Gültigkeit zu erlangen, soll ein Gelübde jedoch auch laut ausgesprochen werden. Es muss Übereinstimmung zwischen Gemeintem und Gesagtem bestehen. Der Unterschied zwischen *Neder* und *Schwua* besteht darin, dass *Neder* den Status eines Gegenstands verändern kann.

Eine Person kann einen *Neder* tun, sich also zu einem bestimmten Verhalten verpflichten, indem sie diese Absicht laut ausspricht. Dies kann die Person auch in Bezug auf eine Sache tun. So könnte sich jemand dazu verpflichten, in Zukunft oder für einen beliebigen Zeitraum keine Zitronen mehr zu essen. Das Verblüffende daran ist, dass für diese Person die Zitrone den Status einer nichtkoscheren Frucht erhält. Sie darf von dieser Person nicht mehr gegessen werden. Eine andere Art des *Neder* wäre, sich selbst eine bestimmte Mitzwa aufzuerlegen. Maimonides, der Rambam (1135–1204), beschreibt dies recht ausführlich in seinen *Hilchot Nedarim* (*Hilchot Nedarim* 1). Und der Talmud diskutiert nahezu alle Aspekte im gleichnamigen Traktat *Nedarim*. Auch hier gilt also: Worte machen den Unterschied.

Anders als beim *Neder* geht es bei einer *Schwu'a* nicht um einen Gegenstand, sondern um einen Akt. Mit einer

Schwu'a kann man sich auferlegen, eine bestimmte Sache zu tun. Der Talmud erklärt, bei einem *Neder* sei ein Objekt betroffen, bei einer *Schwu'a* jedoch die Person (Nedarim 2a und 2b). Diese kleine Spitzfindigkeit wird sich noch quer durch die jüdische religiöse Literatur ziehen und sich zu einem interessanten Prinzip entwickeln.

So erklärt Rabbiner Joseph Ber Soloveitchik (1903–1993) die Zitrone zu einem Ding mit der Bezeichnung »*Cheftza*« und den Menschen in dieser Situation zu etwas mit der Bezeichnung »*Gavra*«. Im übertragenen Sinne wäre die Zitrone das Objekt (*Cheftza*) und der Mensch das Subjekt (*Gavra*).

Diese Zuordnung leitet Soloveitchik aus der »Litauer Methode« des Talmudlernens ab, die sein Großvater Chajm Soloveitchik (1853–1918) begründet hat. Diese Methode legt besonderes Augenmerk darauf, Fragen und Diskussionen des Talmuds in konkrete Definitionen zu übertragen. Das erlaubt es, wiederkehrende Muster in Kategorien einzuteilen. So kann man mit dieser Einteilung beobachten, dass es Mitzwot gibt, die sich auf Personen beziehen, und Mitzwot, die sich auf eine Sache beziehen.

Wer ist Objekt, und wer ist Subjekt?

Diese Definitionen haben es dem Schüler der jüdischen Rechtsliteratur und der Auslegungen der Torah erlaubt, diese Welt ein wenig strukturierter zu betrachten. Aber das bleibt keine akademische Übung. Für Rabbiner Joseph Ber Soloveitchik hatte es weitreichende Konsequenzen. Nach seiner Auffassung sollte der Mensch auf der Welt nicht »*Cheftza*« sein, sondern »*Gawra*« – also nicht Objekt, sondern Subjekt. Er sollte die Welt selbst gestalten und weiter an ihr bauen.

Durch einen *Neder* hat der Mensch mit seinen Worten den Zustand einer Sache, in unserem Beispiel eine Zitrone, verändert und ein verbindliches Verbot ausgesprochen. Er hat in diesem Augenblick getan, was Ha-Schem in der Torah tat: Er hat ein verbindliches Gebot formuliert und sich damit eine aktive Rolle in der Welt zugesprochen – ganz im Sinne des Talmuds, der sagt, der Mensch sei »G!ttes Partner bei der Erschaffung der Welt« (Schabbat 10a, 119b).

Wie geschieht das? In unserem Fall durch die Sprache. In Rabbiner Soloveitchiks Essay *Redemption, Prayer, Talmud Torah* (1978) ist ein Mensch dann frei, wenn er sich artikulieren kann. In anderen Worten: Wenn er nicht mehr nur Objekt, *Cheftza*, ist. Ein Sklave, so schreibt Soloveitchik, hat keine Geschichte, die er erzählen kann. Er ist völlig von der Existenz seines Besitzers abhängig.

Das jüdische Volk ist kein Volk von Sklaven mehr, und wir sind heute auch keine Sklaven mehr. Wir können, wenn wir wollen, sogar einen *Neder* aussprechen – allerdings sind wir dann auch verpflichtet, das Versprechen zu halten, so wie die anderen Gebote der Torah.

Mit seiner Sprache hat der Mensch die Macht, den Status von Objekten zu verändern.

In der Schöpfungsgeschichte gibt der Mensch allem Lebendigen in seinem Garten Namen (Bereschit 2,19). Der Namensgeber ist derjenige, der handelt. Er ist das Subjekt. Es geht hier also nicht nur um Sprache im Sinne von »Achte auf das Gesagte«, sondern auch um die Tatsache, dass der Mensch in der Lage sein muss zu sprechen, seine Geschichte zu erzählen und eigene Entscheidungen zu treffen. Das verbindet ihn mit seiner Aufgabe, die Welt weiter aufzubauen. Rabbiner Jonathan Sacks (seligen Angedenkens) hat einmal gesagt, dass Sprache uns erst in die Lage versetze, uns an eine ferne Vergangenheit zu erinnern und uns eine ferne Zukunft vorstellen zu können. Dies sei der Tatsache geschuldet, dass der Mensch nach dem Bild G!ttes erschaffen worden sei. Um eine Geschichte zu erzählen, muss man sie natürlich auch sprachlich entwickeln.

Das fiel schon Kommentatoren früherer Epochen auf. So meinte Rabbiner Bachja ben Ascher (1255–1340), das Wort »*Neder*« leite sich von »*Dirah la-Schem*« ab, einem »Aufenthaltsort für HaSchem«. Überall dort, wo ein *Neder* getan wird, mache man Platz für G!tt. Diese juristische Formulierung greift also weiter zurück, als man zunächst annehmen könnte, und erinnert den Menschen daran, dass er aktiv sein muss, um die Welt zu verändern.

Das gesprochene Wort hat also großes Gewicht. Warum Mosche in den ersten Sätzen des Abschnitts ausgerechnet zu den Häuptern spricht, wurde bereits angerissen: Insbesondere Personen, die in leitenden oder führenden Positionen sind, lassen sich besonders schnell zu falschen Versprechen hinreißen. Denken wir an die eingangs zitierten Versprechen. Das ist keine neue Erkenntnis, sondern sie stammt vom Chatam Sofer (Moses Schreiber, 1762-1839).

Heute begegnen uns Eide in der Regel nur noch in Gerichten und rechtlichen Erklärungen. Versprechen begegnen uns dagegen allerorts: in der Politik, in Beziehungen oder besonders in der Werbung. Die Bedeutung von Versprechen wurde bis zur Bedeutungslosigkeit aufgeweicht – durch viele nicht gehaltene Versprechen.

Die Torah benennt dies, in Bezug auf die Gelübde, konkret: »Wenn ein Mann HaSchem ein Gelübde tut oder einen Eid schwört, um sich selbst eine Verpflichtung aufzuerlegen, so soll er sein Wort nicht brechen« (Bamidbar 30,3). Im hebräischen Text heißt es: »*Lo jachel dewaro*« – er soll sein »Wort nicht entheiligen«. Anders ausgedrückt: Das gesprochene Wort ist heilig, und jedes Handeln entgegen dem zuvor Gesprochenen entheiligt das Gesagte. Tun wir das häufiger, verlieren unsere Versprechen an Wert und zuletzt alles, was wir von uns geben. Im Buch Kohelet heißt es dazu:

> »Eile nicht mit dem Mund, und dein Herz eile nicht ein Wort hervorgehen zu lassen vor G!tt! Denn G!tt ist im Himmel und du auf der Erde, deshalb seien deine Worte wenig. Denn in vielen Mühen kommt der Traum und törichte Rede bei vielen Worten. Wenn du ein Gelübde ablegst vor G!tt, zögere nicht, es zu erfüllen! Denn er hat keinen Gefallen an den Toren. Was du geboten hast, erfülle! Besser, dass du nicht gelobst, als das du gelobst und nicht erfüllst« – Kohelet 5, 1-4.

Aber die Passage bezüglich der Gelübde und Eide in der Torah endet hier nicht. Wenige Sätze später wird berichtet, dass ein Mann die Gelübde seiner Frau oder seiner Tochter zurücknehmen kann, wenn er es unverzüglich tut:

> »und der Mann vernimmt ein solches (Gelübde) eines Tages und schweigt ihr gegenüber dazu, so sind ihre Gelübde gültig, und ihre Entsagungen müssen bleiben. Hat es ihr aber der

> Mann an dem Tag, an dem er vernommen hat,
> verwehrt [...] so hat er die Gelübde aufgeho-
> ben« (Bamidbar 30,9).

Wenn wir die Frage außen vor lassen, warum Männer die Möglichkeit haben, die Gelübde ihrer Frauen aufzuheben, treffen wir auf eine weitere Regel, die uns lehrt, wie wir mit dem Gesagten anderer Menschen umzugehen haben. Der Mann nimmt gewissermaßen Teil am Gelübde, sobald er die gesprochenen Worte hört. Handelt er jetzt, so könnte er das Gelübde ungültig machen. Handelt er nicht, signalisiert er Zustimmung. Der Talmud sagt, dass Schweigen mit Zustimmung gleichzusetzen sei. Das passive Schweigen wird zu aktiver Zustimmung. Das macht uns die Torah bewusst, wenn sie über den Mann spricht, der die Gelübde seiner Frau aufheben kann. Man kann sich also nicht mit der Ausrede »Ich habe doch selber gar nichts gemacht« verstecken.

Die Torah verlangt eine Reaktion auf das, was um uns herum passiert. Wer zusieht oder zuhört, ohne Einwände geltend zu machen, der stimmt letztendlich zu und ist in gleicher Weise beteiligt an dem, was möglicherweise nicht zum Wohl der Gemeinschaft geschieht. Dies zeigt uns die Verbindung zwischen den Regelungen für die Gelübde und ihre mögliche Aufhebung.

Ein weiterer Auftrag

> In den *Tehillim* (34,13–14), den Psalmen, heißt es:

> Wer von Euch das Leben begehrt (*chofetz cha-
> jim*) und viele gute Tage sehen will, bewahrt
> seine Zunge davor, Böses zu sprechen und die
> Lippen davor, zu lügen.

In seinem Kommentar zu Psalm 34 erklärt Rabbiner Dr. Tzvi Hersch Weinreb[17] was dahinterstecken könnte. Er argumentiert, G!tt habe den Menschen die *Mitzwot* nicht gegeben, damit sie gehorchen, sondern weil sie eine Richtschnur für ein glückliches Leben, Frieden und Verständigung seien. Die Frage die sich uns stelle, sei: *Begehrst Du das Leben? Möchtest Du ein gutes Leben? Dann bewahre Deine Zunge davor, Böses zu sprechen und die Lippen davor, zu lügen.* Ehrlichkeit und Diskretion würden ein gutes Leben sicherstellen.

Rabbiner Weinreb macht deutlich, dass das gute Leben nicht durch göttliche Intervention sichergestellt werden würde, sondern dadurch, dass man selber an einer besseren Welt mitarbeitet.

Was wir oben gesehen haben ist, dass sich G!tt nicht durch die Gestirne oder spektakuläre Wunder offenbart, sondern durch Worte und mit diesen Worten schießt er sogar einen Bund.

Verbreiten von Sprache

Die Verbreitung von sprachlichen *Inhalten* war lange Zeit denjenigen vorbehalten, die lesen und schreiben konnten. Die Ägypter, beispielsweise, nutzten Hieroglyphen für die Vermittlung ihres Wissens. Nur »Eingeweihte« (im wahrsten Sinne des Wortes) konnten diese »heiligen Zeichen« (hierós »heilig«, glyphe

---

17| *The Koren Tehillim*, with translation by Rabbi Eli Cashdan, Jerusalem 2017 Weinreb, Tzvi Hersh, Hrsg. The Koren Tehillim. Übersetzt von Eli Cashdan. The Rohr Family edition, First edition. Jerusalem: Koren Publishers, 2015.

»Eingeritztes«) lesen. Es gab etwa 1000 dieser Zeichen im Alten Königreich, später wurden sie auf etwa 800 reduziert. Zwischenzeitlich gab es bis zu 5000 Zeichen[18]. Die Torah ist hingegen mit nur 22 Buchstaben geschrieben. Wer Zugang zum Wissen der Torah erlangen wollte, musste lediglich diese Buchstaben lernen. Die Alphabetschrift demokratisierte die Bildung und das war eine Revolution des Wissens.

Die Römer verfügten (bekanntermaßen) ebenfalls über die Alphabetschrift und konnten zudem noch die festgehaltenen Informationen über große Strecken transportieren. Der *Cursus publicus*, etwa »staatliche Beförderung« transportierte nicht nur Waren oder Personen, sondern auch Nachrichten über große Distanzen in großer Geschwindigkeit – jedenfalls für die damaligen Verhältnisse. An einem Tag konnte eine Nachricht etwa 51 Kilometer zurücklegen.[19]

»Gerüchte« und »Geschichten« derjenigen, die nicht auf die Infrastrukturen zugreifen konnten, verbreiteten sich also zunächst nur sehr langsam. Vielfach mündlich. Religiöse Texte wurden handschriftlich kopiert und übertragen. Die Texte waren dementsprechend selten und teuer.

Auch wenn es in China bereits ein ähnliches Verfahren gab, die Erfindung eines Drucksystems zur Vervielfältigung von Texten mit beweglichen Lettern aus Metall

---

18| Loprieno, Antonio. Ancient Egyptian: A Linguistic Introduction. Cambridge ; New York: Cambridge University Press, 1995. Seite 12.

19| Ramsey, A.M. »The speed of the Roman Imperial Post«. Journal of Roman Studies 15 (1925): 60–74.

im Jahr 1440 durch Johannes Gutenberg, veränderte die Verhältnisse. Die Druckerpresse bot eine einfache Möglichkeit, geschriebene Texte anstelle von handgeschriebenen Manuskripten zu vervielfältigen. Übrigens zum Unmut derjenigen, die im »Hand-Kopier-Geschäft« waren. Einfache Blätter mit Texten konnten schnell und in großer Zahl vervielfältigt werden. Damit auch Ideen oder natürlich auch Geschichten über Zeitgenossen. Martin Luthers Thesen (1517) über den Zustand der katholischen Kirche brauchten beispielsweise nur zwei Monate, um sich in ganz Europa zu verbreiten. Leider wurden später auch seine antisemitischen Schriften vielfach gedruckt und die Ideen konnten sich fest einbrennen ins kollektive Gedächtnis der westlichen Welt. Anhand der Person Luther kann man gut begründen, dass das *gesprochene* oder *geschriebene* Wort tatsächlich über Leben und Tod entscheiden kann. Die Entwicklungen im Anschluss an die Veröffentlichung der Thesen veränderten Europa und die Welt nachhaltig, es kam zu Kriegen und einer Neugestaltung der politischen Welt (im »Westen«).

Ein anderes Beispiel für einflussreiche Worte? Als Harriet Beecher Stowe im Jahr 1862 Präsident Abraham Lincoln im Weißen Haus besuchte, soll er gesagt haben: »Sie sind also die kleine Frau, die das Buch geschrieben hat, das diesen großen Krieg ausgelöst hat.«[20] Harriet Beecher Stowe war die Autorin von »Onkel Toms Hütte«. Auch wenn die Geschichte sich vielleicht

---

20| Zitiert nach *Her words changed the world* Harriet Beecher Stowe Center https://www.harrietbeecherstowecenter.org/harriet-beecher-stowe/her-global-impact/

nicht so zugetragen hat und der Wortlaut anders war, so ist der Einfluss des Buches nicht zu unterschätzen. Die Geschichte von Onkel Tom, einem afroamerikanischen Sklaven, schilderte einer großen Öffentlichkeit zum ersten Mal die menschlichen Schicksale hinter der Sklaverei. Das Buch unterstützte diejenigen, die in den Nordstaaten gegen die Sklaverei eintraten (die Abolitionisten) und verschärfte so die Spannung mit den Südstaaten.

Es war sicher nicht der Anlass für den Bürgerkrieg, aber sicher war das Buch ein Baustein.

1605 veröffentlichte der Drucker Johann Carolus mit der *Relation aller Fürnemmen und gedenckwürdigen Historien* die erste gedruckte Zeitung. Mit der Zeitung kamen dann auch Geschichten auf, die nicht immer der Wahrheit entsprachen. Auch die Zeitungen mussten ja irgendwie gefüllt werden.

Geschichten, die kursierten, fanden möglicherweise hier ihren Platz. Aber nicht zwangsläufig. Das änderte sich auch nicht mit weiteren aufkommenden *Medien*. Die Telegraphie erlaubte die schnelle Verbreitung von Informationen in hoher Geschwindigkeit und diese Informationen konnten wiederum gedruckt und verbreitet werden. Später folgten das Radio und das Fernsehen. Beide waren hervorragend dazu geeignet, die Massen zu beeinflussen. Allerdings nur durch diejenigen, die »senden« konnten.

Diese *Ordnung* wurde durch das aufkommende Internet vollständig außer Kraft gesetzt. Nun konnte jeder *schnell* kommunizieren, allerdings nicht nur mit einer Person, sondern mit vielen. Eine Person konnte *viele* erreichen. Das war zuvor ein Privileg. Mit dem Aufkommen der sozialen Medien ist jede und jeder Sender und Empfänger zugleich. Wenn die Umstände sich günstig verketten, könnte theoretisch irgendeine Person ein Millionenpublikum erreichen und es beeinflussen. Die Möglichkeiten sind potenziert. Allein auf Twitter wurden im März 2020 6.000 Tweets in der Sekunde gesendet[21]. Das sind 350.000 Tweets in der Minute.

Die Nachricht vom Tod des Schauspielers Chadwick Boseman (1976 – 2020) im August 2020 erreichte 7,3 Millionen Nutzer von Twitter:

> It is with immeasurable grief that we confirm the passing of Chadwick Boseman. Chadwick was diagnosed with stage III colon cancer in 2016, and battled with it these last 4 years as it progressed to stage IV... [22]

Das bedeutet zur gleichen Zeit aber auch: Der Schaden, der angerichtet werden kann, potenziert sich ebenfalls. Legen die Schriften des Judentums einen besonders hohen Wert auf die Verbindlichkeit des Wortes, um wieviel mehr potenziert sich also nun auch diese Vorsicht bei nahezu unbegrenzter Verbreitung?

Dieses Argumentationsmuster wird uns später erneut begegnen: »Wenn X schlimm ist, um wieviel mehr ist 2×X schlimmer?« Wir kennen das Argument jetzt also schon und sind vorbereitet.

Wir werden sehen, dass die Informationen, die in den Netzwerken kursieren, nicht immer dort verbleiben

---

21| David Sayce, *The Number of tweets per day in 2020*
https://www.dsayce.com/social-media/tweets-day/
22| Tweet der Familie https://twitter.com/chadwickboseman/status/1299530165463199747

und nur diejenigen betrifft, die dort angemeldet sind. Die »Empörung«, die dort gefüttert wird, wird auch außerhalb der Netzwerke zur Geisteshaltung. Beginnen wir, dort auf Sprache und Umgang zu achten, wird dies auch Auswirkungen auf Die Welt außerhalb der Netzwerke haben. Auch wenn wir klar in der Minderheit sind. Es gilt, Moral gegen Indifferenz und das Individuum gegen die *Masse* zu stellen. Auch davon gibt es ein Beispiel in der Torah. Auch hier geht es um Sprache als »Werkzeug«.

2017 drückte der Comedian Jan Böhmermann seine Hilflosigkeit gegenüber Antisemitismus so aus, indem er den Rapper Kollegah nicht unmittelbar mit einem Vorwurf konfrontierte, sondern vorschlug, dass Juden sich mit Kollegah über einen Antisemitismusvorwurf unterhalten sollten. Böhmermann nominierte dafür die Autorin Kat Kaufmann und den Comedian Shahak Shapira. Ein Video davon wurde erstellt und der Öffentlichkeit zur Verfügung gestellt und ist mittlerweile deaktiviert[23]. Das Ergebnis war erwartbar schwach. Bezüglich des Anlasses gab es keinerlei Erkenntnisgewinn, allerdings war die Inszenierung des Gesprächs ein hervorragendes Beispiel für asymmetrische Kommunikation. Der Rapper Kollegah begrüßt seine »Gäste«, während seine Gefolgschaft um den »Boss« und um sie herum angeordnet sind. Die Gäste zeigen gleich nach der offiziellen Begrüßung durch den Boss, welche Richtung das

---

23| Einen ausführlichen Bericht gibt es im Blog des Autors: Guski, Chajm. »Danke für Nichts, Jan Böhmermann«. Blog. Chajms Sicht, 27. März 2017. https://www.sprachkasse.de/blog/2017/03/27/danke-fuer-nichts-jan-boehmermann/.

Gespräch nehmen wird. Sie versuchen, ein Stück seiner Coolness durch den Spiegeltrick (das Verhalten dessen imitieren, dem man sympathisch sein möchte) zu erhaschen. Dann folgt ein klassischer Griff in den Werkzeugkasten des Alphamännchens: So zu tun, als hätte man sich den Namen des Gegenübers gar nicht gemerkt, oder nicht richtig. So wird also »Shahak Shapiri« begrüßt und der korrigiert seinen Namen gleich »Shapira« und hat damit gleich zu Beginn des Gesprächs demonstriert, dass er nicht die Oberhand haben wird. Dieses »ich weiß gar nicht, wer das ist« sollte zu den Dingen gehören, die man für einen Dialog auf Augenhöhe vermeiden sollte.

Im politischen Diskurs kann es vorkommen, dass behauptet wird, ein bestimmter politischer Widersacher sei einem nicht einmal bekannt. Man wisse überhaupt nicht, wer das eigentlich sein sollte. Das ist dann Ausdruck vollkommener Missachtung. Eine Analogie dazu gibt es in der Torah: »Ein neuer König kam auf den Thron, der Josef nicht kannte« (Schemot 1,8). Der informierte Leser weiß aber aus den vorangegangen Kapiteln, welchen sozialen Rang Josef in Ägypten erlangte und wie weit sein Einfluss auf das Land am Nil reichte. Man kann ohne Übertreibung behaupten, dass er das Land gerettet hat. Nur wenige Generationen später war das sicherlich noch präsent – zumal Ägypten damals schon ein funktionierendes Staatswesen mit schriftlichen Aufzeichnungen hatte. Der neue Pharao wollte Josefs Rang und Namen also einfach nicht zur Kenntnis nehmen und schon gar nichts von ihm wissen. Vermutlich auch, weil er andere politische Ziele verfolgte als seine Vorgänger. Dieser schlichten Feststellung schickt die Torah voraus: »Die Israeliten waren fruchtbar und hatten viele Kinder, sie vermehrten sich und wurden sehr stark, und das Land füllte sich mit ihnen« (Schemot 1,7). Im Wort »vermehrten« klingt im hebräischen Originaltext das Wort »*scheretz*« an, was man verwendet, wenn es um die Vermehrung von Tieren geht, Insekten zum Beispiel. Dies ist ein Vorgriff auf die Sichtweise des Pharaos, der auf die namenlose Masse der »wimmelnden« Hebräer in seinem Land herabschaut. Ein Israelit, der einen Namen trägt und eine Geschichte hat, passt nicht in seine Vorstellung.

Das Schema ist uns heute wohlbekannt: Auf die sprachliche Entmenschlichung folgt die soziale und physische Unterdrückung. Beim Pharao ist es die harte Sklavenarbeit, die die Unterdrückten schwächen sollte. Das gleiche Ziel verfolgt auch das königliche Dekret, jedes männliche Neugeborene der Kinder Israels zu töten. Diese Anweisung ergeht an zwei Hebammen, Schifra und Puah. In der Regel werden die beiden Wörter »*Mejaldot Ivrijot*« mit »hebräische Hebammen« (Schemot 1,15) übersetzt. Im Talmud (Sotah 11b) diskutieren die Rabbinen sogar, ob es sich nicht vielleicht um Jochewed und Mirjam handeln könnte. Aber die beiden Wörter lassen sich auch so übersetzen, dass aus den beiden Frauen ägyptische Hebammen werden, die für die jüdischen Frauen verantwortlich sind: »Hebammen für die Hebräerinnen«. Der Name Schifra wird nämlich zum Beispiel in einem ägyptischen Papyrus aus der Zeit des Pharao Sobekhotep III. genannt, der etwa von 1745 bis 1742 v.d.Z. regierte. Natürlich kann es sich trotzdem um die Wiedergabe eines hebräischen Namens handeln. Aber ein weiteres Indiz dafür, dass Schifra und Puah ägyptische Hebammen waren, die sich um die Kinder Israels kümmerten, finden wir in der Tora: Es ist die Begründung, die sie dem Pharao für ihre schlechte Erfüllung seiner Anweisung geben, denn sie töten die männlichen Neugeborenen ja nicht. Als der Pharao sie zur Rede stellt, antworten sie, die hebräischen Frauen würden ihre Kinder schneller gebären als ägyptische, so dass sie stets zu spät kämen. Wären es jüdische Hebammen, hätten sie wohl keine Vergleichsmöglichkeit gehabt. Was aber viel wichtiger ist: Sie hätten keinerlei Einkünfte. Denn wenn die Kinder Israels ihre Neugeborenen ohne fremde Hilfe zur Welt brachten, wovon hätten die Hebammen dann leben sollen? So leicht hätte sich der Herrscher Ägyptens gewiss nicht hinters Licht führen lassen, und schon gar nicht von zwei Sklavinnen.

Was die beiden Hebammen von anderen Ägyptern unterscheidet, ist »*Jirat Elohim*«, G!ttesfurcht. Sie zieht eine unmittelbare moralische Konsequenz nach sich: Wer G!tt fürchtet, tut bestimmte Dinge nicht, auch angesichts eventueller Strafen. Wenn wir für einen Moment annehmen, die beiden seien Ägypterinnen, dann ist ihr Verdienst vielleicht noch viel höher einzuschätzen als das von Frauen, die versuchen, Mitglieder ihres eigenen Volkes zu retten.

Wenig später lesen wir dann erneut von der Rettung eines jüdischen Kindes. Diesmal handelt es sich um Mosche selbst. Er treibt im Nil in einem Weidenkorb. In der Torah heißt es: »Und als sie (die Tochter des Pharaos) ihn öffnete, erblickte sie das Kind, und siehe, der Junge weinte. Da hatte sie Mitleid mit ihm und sprach: >Das ist eines von den Kindern der Hebräer<« (Schemot 2,6).

Selbst die Tochter des namenlosen Pharaos handelt also gegen dessen Willen! Denn sie weiß ganz genau, dass es sich um ein »hebräisches Kind« handelt. Woran sie das erkannte, wird allerdings nicht mitgeteilt. Wichtig ist jedoch die Abfolge der Ereignisse. Sie erblickt den Korb, öffnet ihn und sieht das Kind. Sofort hat sie Mitleid mit dem Jungen und nimmt erst dann zur Kenntnis, dass es ein »Kind der Hebräer« ist – im Gegensatz zum Pharao, der nur die Menschenmasse sieht und keinerlei Mitleid oder Regung in ihre Richtung zulässt.

Das zeigt uns, dass moralisches Handeln voraussetzt, dass man die Situation erkennt und dann direkt ein Handeln daraus ableitet. Die Hebammen wurden durch G!ttesfurcht in die Lage versetzt, dies zu tun. Genau aus diesem Grund nennt die Torah an dieser Stelle ausdrücklich die Namen derjenigen, die moralisch handeln, während alle anderen zunächst namenlos bleiben. Ja, selbst Mosches Eltern werden nur als »ein Mann aus dem Hause Levi« und »eine Frau aus dem Hause Levi« (Schemot 2,1) bezeichnet.

Gegen denjenigen, der den Namen Josefs nicht kennen will, setzt die Torah die Namen zweier Frauen, die sich mutig seinen Direktiven widersetzen. Das ist das Thema, das schon in den ersten Versen des Buches Schemot anklingt: Moral gegen Indifferenz, Individuum gegen Masse.

Vom Üben richtiger Sprache

Rabbiner Bachja ben Josef ibn Pakuda schildert in *Chowot haLewawot* – Pflichten der Herzen« (Kapitel 6,4), wie man wichtig es ist, auf Sprache zu achten. Der Sprachgebrauch werde zur »Natur des Menschen«:

> So ging, wie man erzählt, ein Frommer einst an einem sehr stinkenden Aas eines Hundes vorbei. »Oh, wie sehr stinkt dieses Aas hier!« beklagten sich seine Schüler. Er antwortete daraufhin »Oh, wie weiß sind doch seine Zähne!« Die Schüler bereuten jetzt, von dem Aas herabsetzend gesprochen zu haben. Wenn es nun Tadel verdient, dass man von einem toten Hund nachteilig spricht, wie viel mehr ist es dann der Fall, wenn es über einen lebenden Menschen geschieht?! Darüber hinaus: Wenn es angenehm ist, das Aas eines Hundes mit der Weiße seiner Zähne zu loben, wie viel mehr ist es dann Pflicht, einen weisen, verständigen Menschen zu loben?! In der Tat ging auch die Absicht des Frommen dahin, die Schüler zu belehren, dass sie ihre Zunge nicht daran gewöhnen, Nachteiliges zu sprechen, damit es nicht zu ihrer Natur werde. Vielmehr sollten sie sich daran gewöhnen, vorteilhaft zu sprechen, damit es ihnen zur festen Natur werden. Wie es heißt: »Er übte seine Zunge nicht zur Verleumdung« (Tehillim 15,3) und wiederum vom Gegenteil: »Unheil brütet deine Zunge, du liebst alle verderblichen Worte« (Tehillim 52,4).

Oder um es etwas moderner zu formulieren: Das *Mindset* muss stimmen. Moderne Coaches fordern das auch immer wieder ein: Mit dem richtigen *Mindset* könne man einfach alles erreichen… Wir beschränken uns hier zunächst auf die Sprache und wie sie unser Bild von der Welt beeinflusst.

Das Ich

Was steht häufig im Mittelpunkt eines Social Media Accounts? Schauen wir insbesondere auf Instagram: Das »Ich« des Accountinhabers. »Personality« – aber zwischen »ich habe etwas zu sagen« und »mein Ego hat etwas zu sagen« gibt es einen Unterschied. Überflüssig zu erwähnen, dass darüber etwas in der Torah steht:

> Jaakow erwacht und sagt: »Tatsächlich, Ha-Schem ist an diesem Ort, und ich, ich habe es nicht gewusst.« – Bereschit 28,16

Wo erwachte Jaakow und was hatte er geträumt, dass er diese Offenbarung spürte? Schauen wir zurück: Jaakow floh vor seinem Bruder Esaw und suchte bei Anbruch der Nacht einen Ort, um sich schlafen zu legen. Er fand einen, schob sich Steine unter den Kopf und schlief ein. In der Nacht träumte er von einer Leiter (im wörtlichen Sinne von einer *Rampe*), die in den Himmel reichte und auf der Engel auf- und abstiegen. Er spürte im Traum G!tt an seiner Seite, der den Bund erneuerte, den er mit Jaakows Vater Jitzchak und seinem Großvater Abraham geschlossen hatte.

Was ist das besondere an diesem Ort, an dem Jaakow diesen Traum hatte? Die Torah nennt ihn tatsächlich zunächst nur den »Ort«, hebräisch »*Makom*«, und dieses Wort lesen wir in zehn Versen dieser Geschichte sieben Mal. An diesem Ort legte er sich einen Stein als Kopfstütze zurecht und schlief darauf. Erst nach der Offenbarung in seinem Traum an genau dieser Stelle nannte Jaakow sie *Beit-El*, Haus G!ttes. Und erst jetzt erfahren wir in der Torah, dass der Ort zuvor schon einen Namen hatte und es sich nicht nur um einen Ort im Sinne von Platz handelte.

Im Text finden wir sogar das Wort »Stadt«. »Er nannte diesen Ort Beit-El, da zuvor der Name der Stadt Luz war« (Bereschit 28,19). Es scheint jedoch wenig wahrscheinlich, dass Jaakow sich inmitten einer Stadt Steine zusammensammelt um dort zu übernachten, wenngleich der Sforno (1470-1550) meint, »*Makom*« sei ein Ort in der Stadt, an dem sich Gäste aufhalten dürften. Es wäre denkbar, dass sich dort die Ruinen der Stadt Luz befanden.

Der Talmud setzt im Traktat Pessachim diesen Ort mit dem Berg Morija gleich, auf dem Jitzchak geopfert werden sollte, denn es heißt dort: »... und Abraham sah den Ort (*Makom*) aus der Ferne« (Bereschit 32,4). Dies bringt jedoch kein Licht in die genauere geografische Verortung, denn der Berg Morija wird später der Tempelberg sein.

Dem Leser der Torah wird nicht nur ein geografischer Exkurs gegeben, sondern es wird auf eine größere Besonderheit hingewiesen: dass nämlich die göttliche Anwesenheit nicht auf einen bestimmten Ort beschränkt ist, sondern überall erlebt werden kann. Eine Offenbarung G!ttes an einem bestimmten Ort macht ja auch andere Orte in der Torah nicht zu einem Beit-El. Haran, wo G!tt zum ersten Mal mit Abraham spricht, wird nicht Beit-El genannt, auch nicht *Beer Schewa* (Bereschit 26,24) oder die Furt von Jabok (Bereschit 32,28). Die Präsenz des Göttlichen kann auch an einem Ort erfahren werden, der möglicherweise nur eine Ruine ist. Wen müsste dieser Vers mehr ansprechen als diejenigen, die in Deutschland etwas Neues aufgebaut haben? Wie diese Präsenz erfahrbar gemacht werden kann, erklärte Rabbiner Menachem Mendel aus Kotsk, genannt der Kotsker Rebbe, anhand des zitierten Abschnitts. Er schenkte dem zusätzlichen »ich« im eingangs genannten Satz besondere Aufmerksamkeit: »... und ich, ich habe es nicht gewusst.« Im hebräischen Original hätte es ausgereicht zu schreiben: »*lo jadati*« (»ich wusste nicht«). In der Torah aber lesen wir ein zusätzliches »*anochi*« (»ich«): »*Anochi lo jadati*« – »ich, ich wusste es nicht«.

Der Kotsker Rebbe sagte, dieses zusätzliche »*anochi*« stehe für das menschliche Ego. Jaakow sei so sehr mit sich selber und seiner Situation beschäftigt, dass er das Göttliche um ihn herum nicht wahrnehmen könne. Die Fokussierung auf sein Ich mache ihn blind für die Welt und die Ereignisse dahinter. Der Kotsker Rebbe forderte eine völlige Verneinung dieses Ichs, um die göttliche Präsenz zu erfahren.

So weit müssen wir heute nicht gehen, um den richtigen Weg zu finden. Die Torah gibt einen Weg vor, der die Überwindung dieses Egoismus lehrt: Wir sollen den Alltag heiligen und jeden noch so einfachen Handgriff zu etwas Besonderem machen. Abraham Joschua Heschel nannte dies die »Möglichkeit, das Unendliche wahrzunehmen, selbst wenn wir das Endliche tun.«

Das macht auch Jaakow, indem er dem Ort Luz eine zusätzliche Bedeutung hinzufügt, nämlich dadurch, dass er ihm einen hebräischen Namen gibt und ihn so besonders auszeichnet, wenngleich G!tt überall zu finden ist.

Aus Luz wird Beit-El, so wie Jaakow an anderer Stelle in in der Torah, in Bereschit 31,47, aus einer weiteren nichthebräischen Ortsbezeichnung eine hebräische macht: »Laban nannte ihn *Jegar Sahaduta* (deutsch: Steinhaufen zum Zeugnis). Und Jaakow nannte ihn Gal Ed (Steinhaufen zum Zeugnis).«

An genau dieser Stelle finden wir die einzigen aramäischen Worte in der Torah, und diese werden umgehend durch die Worte Jaakows ersetzt. Jaakow verwendet also nicht das Aramäische, wie es sein Onkel Laban tut. Der Ramban (Rabbiner Mosche ben Nachman, 1194-1270) schreibt, dass die Patriarchen ursprünglich nur Aramäisch sprachen, dann aber in Kanaan Hebräisch, die Sprache des Landes, angenommen hätten, vor allem um ihre neue Identität zu unterstreichen und ihre neue Existenz zu heiligen. Mit der neuen Sprache ist ein Paradigmenwechsel verbunden hin zu einem Leben ohne die Anbetung verschiedener Götzen an bestimmten Orten. Zuweilen, so lernen wir hier, bleiben die Dinge dieselben, aber unsere Sichtweise auf sie ist eine andere, eine jüdische.

Man muss das Ego nicht gleich verneinen. Es dürfte schon ausreichen, es in die richtigen Bahnen zu lenken. Eine kleine Geschichte, die von Rabbi Simcha Bunim aus Przysucha (1765 – 1827) überliefert ist, illustriert das:

> Jeder sollte zwei Taschen haben. Mit einem Zettel in jeder Tasche, so dass er je nach Bedarf in die eine oder andere Tasche greifen kann. Wenn man sich niedergeschlagen und deprimiert fühlt, entmutigt oder trostlos, sollte man

> in die rechte Tasche greifen und dort die Worte finden: »Um meinetwillen wurde die Welt erschaffen.« Aber wenn man sich groß und mächtig fühlt, sollte man in die linke Tasche greifen und dort die Worte finden: »Ich bin nur Staub und Asche.«

Der Chassidismus kennt die Bezeichnung des »Jesch« für jemanden, der selbstbezogen ist und nur von seinem Ego motiviert wird. Wörtlich ist damit etwas gemeint, das von der Schöpfung getrennt ist. Rabbiner Shloma Majeski schreibt in seinem Buch »Simcha«[24]:

> Ein *Jesch*, ein selbstbezogener Mensch, wird nur von seinem Ego motiviert. Das ist es, was ihn den ganzen Tag über antreibt. Im Gegensatz dazu ist einer, der *botel* ist, ein selbstloser Mensch, auf die Ziele fokussiert, die er erreichen möchte. Auch er ist sich seines Selbst bewusst. Aber er übernimmt Verantwortung und weiß, dass andere sich auf ihn verlassen. *Simcha*, Kapitel 9

Das Ego wird zum Problem, wenn wir verlernen, *demütig* zu sein (ein altes Wort, ja) und das Ego langsam das Steuer übernimmt und nach einem Weg sucht, zu wachsen. Es werden kleine Tricks in der Kommunikation sein. Sie werden unser Handeln beeinflussen. Es werden zunächst die kleinen Interaktionen sein, die vergiftet sind und die dafür sorgen sollen, dass wir uns gut fühlen. Wer mit hunderten oder tausenden von *Li-*

24| Majeski, Shlomo. Simcha - Das Buch zur Freude (aus der Sicht des Chassidismus). Übersetzt von Miriam Magall. Basel: Books'n Bagels GmbH, 2021.

kes interagiert, wie soll der oder die sich hinterfragen? »Viele Menschen sind mit dem, was ich kommuniziere, einverstanden.« Die Dynamik wird zum Hamsterrad[25]: Je mehr man an kommunikativer Dynamik hineingibt, desto schneller dreht es sich. Wir tun dann das, was der Algorithmus des jeweiligen Netzwerkes verlangt (siehe die Einführung): Beiträge müssen polarisieren und Emotionen ansprechen. Die *Likes* fühlen sich gut an. Emotional ist man schon gefangen und ist überzeugt von seiner *Arbeit*.

Wir werden damit beginnen, andere zu beurteilen (oder zu verurteilen) und zu kritisieren. Die Arbeit der anderen mit der eigenen vergleichen und uns auf Fehler konzentrieren. Wir werden uns an kleinen Sticheleien in Diskussionen beteiligen, natürlich ohne die Perspektive des Gegenübers zu prüfen. Die Sticheleien werden harmlos wirken, aber möglicherweise wird dies die Arbeit und den Erfolg anderer zerstören. Eine Frage sollten wir uns unbedingt stellen: Was bleibt von mir übrig, wenn ich diese Social Media Werkzeuge nicht mehr habe?

»Identität« ist ein Schlüsselwort der letzten Jahre geworden. Identität wird gerne diskutiert. Aber wie authentisch sind die Identitäten bei Instagram und Facebook? Es scheint leichter zu sein, eine Fassade zu schaffe, als echtes spirituelles Wachstum anzustreben. Und

---

25| Ja, das Hamsterrad ist eine abgegriffene Metapher, aber sie passt hier.

spiruelles Wachstum erfordert auch den Rückzug des Egos.

Follower zu haben bedeutet zwei Dinge:

- Es eröffnet die Möglichkeit, mein sonstiges Tun, welches ich teilen möchte, einer Öffentlichkeit vorzustellen. Das ist ein Privileg.
- Verantwortung. Für meine Kommunikation zu meinen *Followern* trage ich die Verantwortung. Seien es zwei oder Tausend. Übrigens gilt dies nicht in umgekehrter Richtung.

Ich und Du

Die »Vergrößerung« oder Ausweitung des Egos geht damit einher, dass man sich den Platz dafür von anderen nimmt. Die Weisen des Talmuds versuchten zu erklären, warum es so wichtig ist, das Gegenüber ebenfalls als Schöpfung G!ttes anzuerkennen:

> Ich bin ein Geschöpf G!ttes, auch mein Nächster ist ein Geschöpf G!ttes, ich arbeite in der Stadt, er auf dem Feld, ich bin früh bei meiner Arbeit, er ist bei seiner Arbeit, er brüstet sich nicht mit seiner Arbeit, ich nicht mit der meinigen und mag meine Leistung auch größer sein als die seinige, wir wissen es: ob groß, ob klein, es ist gleichviel, wenn das Herz nur auf die Erfüllung der Pflicht gerichtet ist.
>
> – Berachot 17a

Deshalb wird zur Demut gemahnt.

> Der Mensch ist zuletzt geschaffen worden, damit, wenn er hochmütig wird, ihm gesagt wer-

den kann: Selbst die Fliege ist früher als du ins Dasein gerufen worden.

– Sanhedrin 38a

Und auch wenn man Verdienste vorweisen könnte – mit diesen sollte man bescheiden umgehen:

Wer wird des ewigen Lebens teilhaftig? Wer bescheiden und demütigen Sinnes ist, bescheiden umhergeht und sich auf seine Verdienste nichts einbildet.

– Sanhedrin 88b

»Verlasse Dich nicht auf deine eigenen Verdienste« sagt das tägliche Morgengebet ebenfalls. Auch die größten Verdienste sind das Ergebnis der Hilfe G!ttes. Im Morgengebet heißt es also:

Was sollen wir vor dir sagen, HaSchem, unser G!tt und G!tt unserer Vorfahren? Siehe, alle Helden sind wie ein Nichts vor dir, und die Männer des Ruhms, als wären sie nie gewesen. Und die Weisen wie ohne Kenntnis, und die Verständigen wie ohne Verstand. Denn die Masse ihrer Taten ist nichtig, und ihre Lebenstage wie ein Hauch vor dir.

Wer das Internet kennt, der weiß, dass dort oft das Gegenteil von dem getan wird. »Verdienste« werden häufig etwas geschönt oder übertrieben dargestellt – oder wir haben es mit Menschen ohne Verdienste zu tun – aber mit großer Reichweite:

Fühle dich nicht geehrt, wenn man dich wegen deines Reichtums achtet. Die wahre Ehrung liegt darin, dass man dich wegen deines Wissens und wegen deines sittlichen Lebenswandels achtet.

– Sefer Chassidim §740

Observanz in den Netzwerken zeigen

Wir alle kennen Akteure (sofern wir jüdischen Personen in den sozialen Medien folgen), die Aspekte des eigenen religiösen Lebens auch in den sozialen Netzwerken teilen. Also das »Ich« begleiten. Einige Nutzerinnen und Nutzer fotografieren oder filmen sich manchmal während des Gebets, oder setzen sich mit Aufwand in Szene. Andere sind eher zurückhaltend und fassen das, ganz selbstverständlich, in einen größeren Zusammenhang ein.

Rabbiner Bachja ben Josef ibn Pakuda, der jüdische Philosoph und Rabbiner, der in der ersten Hälfte des elften Jahrhunderts in Zaragoza lebte, kannte dieses Phänomen – bestimmte Aspekte des religiösen Lebens nach außen zu zeigen, offenbar schon. So heißt es in seinem Werk »*Chowot haLewawot* – Pflichten der Herzen« (*Scha'ar Jichud ha-Ma'aseh* – Kapitel 1):

> »Seine Handlung G!tt allein widmen – darunter verstehen wir, dass der Mensch bei jeder sichtbaren oder geheimen Handlung, die er im Dienst G!ttes ausübt, die Absicht habe, sie in dessen Namen und dadurch dessen Beifall zu erlangen, ausübe, nicht aber, um den Beifall der Menschen zu erlangen.

Und im dritten Kapitel heißt es weiter:

> Was die Handlungen anbelangt, welche ihren

vollständigen Wert erst dadurch erhalten, dass
man sie zur Zeit ihrer Ausübung nur G!tt allein
widmet, so sind es solche gottesdienstlichen
Handlungen, wobei man den göttlichen Beifall
zu erlangen hofft, wohin alle Gebote gehören,
deren Ausführung äußerlich, durch Anwendung der Gliedmaßen geschieht, und wobei es
möglich ist, dass die Absicht derer, die sie aus-
üben, nicht auf G!tt, sondern vielmehr darauf
gerichtet ist, vor den Menschen tugendhaft zu
erscheinen, Ehre von ihnen zu erlangen und
von ihnen wegen ihrer Ausübung gelobt zu
werden; bei den inneren Pflichten hingegen
findet für den, der sie ausübt, weder Heuchelei,
noch Erwartungen von Ehre und Ruhm statt,
da die Menschen das Innere nicht kennen; vielmehr ist die Absicht dabei auf den Allsehenden,
den Schöpfer nämlich, gerichtet, wie es heißt
(Jirmejahu 17,10): Ich, HaSchem, erforsche
das Herz, prüfe die Nieren; ferner (Dewarim
29,28): Die verborgenen Dinge sind HaSchem,
unserem G!tt bekannt.

Damit hat Rabbiner Bachja ben Josef ibn Pakuda alles
gesagt, was man heute für Instagram und die Selbstdarstellung von religiösen Handlungen in den sozialen
Netzwerken wissen muss.

Bitul Torah

Rabbi Pinchas ben Jair spricht sich in der Mischna (Sotah 9,15) für *serisut* aus. Das könnte man mit »Fleiß« übersetzen, es meint aber mehr eine Haltung, die Leerlauf und Müßiggang vermeidet:

> Rabbi Pinchas ben Jair sprach: »Fleiß (*serisut*) führt zur Sauberkeit, Sauberkeit führt zur Reinheit, Reinheit führt zur Absonderung, Absonderung führt zur Heiligkeit, Heiligkeit führt zur Bescheidenheit, Bescheidenheit führt zur Furcht vor der Sünde, Furcht vor der Sünde führt zur Frömmigkeit, Frömmigkeit führt zum Heiligen Geist (*ruach hakodesch*), der Heilige Geist führt zur Auferstehung der Toten und die Auferstehung der Toten kommt von Elijahu, gepriesen sei sein Andenken, Amen.«

Wer also sein Leben in die richtige Bahn lenken will, das scheint Rabbi Pinchas ben Jair sagen zu wollen, beginnt damit, den Tag nicht zu vertrödeln. Das bedeutet aber nicht, dass man seine gesamte Zeit mit Arbeit verbringen soll. Auch die Torah (und somit auch die »großen« Fragen des Lebens) sollte einen festen Teil im Leben haben.

In der Einleitung haben wir kurz das Thema des Konzepts *Memento Mori* angerissen und uns gefragt, wie man sich selber klarmachen kann, dass man zu viel Zeit mit den sozialen Medien verbringt und damit kostbare

Zeit, die man auch für die Familie, Freunde oder die Torah hätte verwenden können, einfach verschwendet. Dieses »Verschwenden« wird als *bitul Torah* bezeichnet – im ursprünglichen Sinne geht es dabei ausschließlich um das Verschwenden von Zeit, die man für die Torah hätte einsetzen können. Ein jährlicher *Reminder* oder *Memento Mori* ist Jom Kippur. Die traditionelle Kleidung an diesem Tag ist weiß. Wir sind angehalten, den *Kittel* zu tragen, das Totenhemd[26]. Oft wird das mit Reinheit assoziiert, aber darum geht es eigentlich nicht. Der *Kittel* wird als solcher getragen. Dieses Kleidungsstück soll uns einst im Grab umhüllen. Man fastet an Jom Kippur. Keine Speisen, keine Getränke, keine körperlichen Annehmlichkeiten. Vor dem Hintergrund des *Kittels* ist deutlich, worauf das hier hinausläuft: Genau. Wie in der Zeit, in der wir über keinen Körper mehr verfügen. Der gesamte Tag ruft: »Hallo! Du bist sterblich!« Auch in den Texten der Gebete begegnet uns dieses Thema. »Was sind wir? Was ist unser Leben?« oder »der Vorrang des Menschen vor dem Tier ist nichts, denn alles ist Eitelkeit« oder, wenn es um die Sünden geht: »Der Anfang des Menschen ist aus Staub, und sein Ende ist in Staub ... er ist wie ein zerbrochener Tontopf ... wie eine verwelkte Blume ... wie ein Wind, der davonfliegt ... wie ein flüchtiger Traum.«. Insgesamt also kein Grundton, der ausschließlich für ein wohliges und fröhliches Gefühl sorgt. Eher für eine konzentrierte Erdung

---

26| In Deutschland tragen meist die Vorbeter einen Kittel. Natürlich gilt auch das nicht für alle Gemeinden. In Gemeinden mit einer höheren Anzahl observanter Familien dürfte man zu Jom Kippur etwas häufiger einem Kittel unter den Mitbetern begegnen.

auf das, was tatsächlich wichtig ist. Es ist also auch kein Zufall, dass an Jom Kippur das Buch Jonah gelesen wird. In der Geschichte wird, wenn man genau hinschaut, von jemandem erzählt, der in die Tiefe (*Scheol* heißt es im Text) sinkt und auch wieder heraufsteigt und dann seiner Mission nachkommt. Wie diejenigen, die den Tag in der Synagoge verbracht haben und den Tod nachvollzogen haben. Auch sie vollziehen – wir laden den Tag nun maximal mit Bedeutung auf – dann eine Wiedergeburt. Am Ende des Gebets und am Ende des Tages steht der Ton des Schofar. Wie der Schrei eines Kindes, das gerade auf die Welt gekommen ist. Eine Wiedergeburt, ein Neuanfang. Jedenfalls dann, wenn wir etwas aus dieser Erfahrung gelernt haben und vielleicht demütiger, oder mutiger, oder sensibler für andere sind und fokussierter auf das, was wirklich wichtig ist.

Von Rabbi Nachman von Brazlaw, einem Urenkel des Baal Schem Tow und Kopf der *Brazlawer* oder *Breslower* Chassidim ist im Werk *Likutej Moharan* überliefert:

> Wisse, dass der wichtigste Teil des Lebens die Torah (das Lernen der Torah) ist, wie es in diesem Vers heißt »denn (sie) ist dein Leben und die Länge deiner Tage« (Dewarim 30,20) und jeder, der sich von der Torah trennt, ist wie jemand, der sich vom Leben trennt, wie der Vers zuvor sagte: »die Torah ist dein Leben«. Hieraus ergibt sich eine offensichtliche Frage: Wie ist es möglich, dass sich jemand auch nur für eine Sekunde von der Torah entfernt, wenn die Torah das Leben ist, dann wäre die Trennung

von der Torah eine Trennung vom Leben. *Likutej Moharan* 2, 78,2

Bevor der Durchschnittsmensch ein schlechtes Gewissen bekommt, heißt es aber weiter:

Tatsächlich ist es unvermeidlich! Es ist unmöglich, ständig mit der Torah verbunden zu sein, Tag und Nacht, ohne einen Moment der Unterbrechung. Jeder Anhänger der Torah, auch die Gelehrten, die den Talmud und seine Kommentatoren studieren und dergleichen – jeder entsprechend seinem Niveau, entsprechend des Thema, das er studiert – muss sich für einige Zeit während des Tages von der Torah entfernen (*Bitul Torah*). Gleiches gilt für jemanden mit tiefer mystischer Einsicht und für jemanden, der viel, viel erhabener ist. Trotzdem muss er sein Wahrnehmen für eine Weile unterbrechen und beiseite legen, weil es unmöglich ist, sich ununterbrochen an die Torah oder an die mystische Wahrnehmung zu klammern. Notwendigerweise muss man für eine Weile aufhören, um sich mit irgendeinem Geschäft oder Ähnlichem zu beschäftigen, weil man sich auch um die Bedürfnisse des Körpers kümmern muss. *Likutej Moharan* 2, 78,2

Auch hier gilt also: Es ist wichtig, das richtige Gleichgewicht zu finden. Die westlichen Gesellschaften haben ohnehin ein Streben nach maximaler Optimierung unserer Zeit entwickelt. Früh aufstehen, produktiv sein, die Produktivität zeigen. Schauen, mit wie wenig Schlaf man auskommt.

Der Talmud erzählt, dass G!tt selbst einen Zwölf-Stunden-Tag hat und ihn in vier gleich große Abschnitte unterteilt: In den ersten drei Stunden beschäftigt Er sich mit der Torah. Danach, während der nächsten drei Stunden, richtet Er über Seine Geschöpfe, und in den drei darauffolgenden Stunden gibt Er ihnen Nahrung. Am Ende des Tages schließlich, während der letzten drei Stunden, spielt Er mit dem Lewiathan (Awoda Sara 3b).

Maimonides schreibt, man solle in G!ttes Wegen wandeln, also das nachahmen, was G!tt tut:

> Behauptet man die Mitte zwischen Hochmut und Demut, so ist man bescheiden, und wird Weise genannt, und dies ist der Weg der Weisheit. Und so verhält es sich mit allen anderen Neigungen. Die vorherigen Frommen leiteten ihre Neigungen vom Mittelwege zu den Extremen, hier das eine, dort das andere erstrebend. Das ist aber mehr als verlangt wird, denn wir sind nur gehalten, auf jenen Mittelwegen zu wandeln, welche die guten und geraden Wege sind, und von denen es heißt: »Du sollst in Seinen Wegen wandeln.« (Dewarim 28,9). – Mischne Torah, Hilchot De'ot 1,5

Der Punkt sollte also spätestens jetzt klar sein: Es gibt für alles eine Zeit und alles hat während des Tages eine Berechtigung – aber ein Aspekt darf nicht alle anderen verdrängen, oder sich die Zeit »stehlen«.

Falls man tatsächlich zu viel Zeit online verbringt und das gerne ändern möchte, hier ein paar Hinweise darauf, was man in Zukunft ändern könnte.

Ein Korrektiv suchen

Ein Korrektiv? Damit ist hier eine Person gemeint. Es kann wirklich hilfreich sein, einen Ansprechpartner oder eine Ansprechpartnerin zu haben. Der Lebenspartner, oder die Lebenspartnerin wäre perfekt: »Schon wieder am Smartphone?!« Das kann nervig sein, aber effektiv. Diese Person sollte sich regelmäßig kritisch melden. *Follower* in den sozialen Netzwerken und darüber hinaus sind nicht natürlich nicht geeignet. Aber einem bestimmten Grad an Popularität werden diese nur applaudieren, aber nicht kritisch sein. Wer kennt sie nicht, die Kommentare unter Facebook-Beiträgen die Auszeiten, oder gar Ausstiege ankündigen: »Ich habe beschlossen, Facebook für einige Zeit/für immer/bis auf weiteres den Rücken zu kehren. Es hat sich als toxisch herausgestellt.« Die Kommentare die nun folgen, (es scheint wie ein Naturgesetz zu sein) erfüllen alle Kriterien der »Belohnung«: »Du bist so eine wichtige Stimme. Wäre schade, Dich nicht mehr zu lesen.« Oder: »Ohne Dich wäre es nicht mehr so lustig hier.« Was dann passiert, ist natürlich klar.

Zeiten nachverfolgen

Wie habe ich die Mittagspause verbracht? Habe ich 30 Minuten bei Instagram Bilder durchlaufen lassen? Dann am Nachmittag erneut? Einige Smartphones erfassen Daten zur Bildschirmnutzung[27]. Die sollte man sich anschauen und überlegen, was die Zahlen bedeuten. Habe

---

[27] Bei Produkten von Apple heißt der entsprechende Bereich (überraschenderweise) *Bildschirmzeit*. Google nennt diesen Bereich *Digital Wellbeing*.

ich tatsächlich an einem Tag zwei Stunden für Twitter aufgewendet? Was hätten ich in diesen zwei Stunden stattdessen tun können? Vielleicht etwas für ein *erfüllteres* Leben?

Es kann durchaus hilfreich sein, nachzuschauen, welche Apps am meisten genutzt werden, wann und warum sie genutzt werden. Im nächsten Schritt kann man sich dann Gedanken darüber machen, wie man die Zeit etwas einschränken kann. Disziplinierten Menschen wird es helfen, sich für den Tag eine maximale Zeit am Smartphone oder in den sozialen Medien zu setzen. Das kann man schrittweise machen. Aber auch dafür gibt es Apps. *Offtime*[28] etwa, oder *Space*[29].

Einen Tag in der Woche (Hallo Schabbat!) könnte man sich aussuchen, an dem man vielleicht die Datenverbindung des Smartphones vollständig ausschaltet.

Entfolgen oder Stummschalten

In den meisten Anwendungen gibt es mittlerweile die Funktionen »Entfolgen« oder »Stummschalten«. Davon sollte man Gebrauch machen und allen *Accounts* den Stecker ziehen, die nichts inspirierendes, motivierendes, konstruktives oder positives zu erzählen haben.

Gleiches gilt für Benachrichtigungen: Es kann sinnvoll sein, Benachrichtigungen, die dann ständig auf dem Screen des Smartphones erscheinen, zu deaktivieren.

28| Online unter offtime.app
29| Online unter findyourphonelifebalance.com

Man kann beim nächsten Aufrufen der App sehen, dass sich etwas getan hat.

Social Media Accounts später aufrufen

Am frühen Morgen bleiben die Kanäle geschlossen. Einige wachen am Morgen auf und scrollen direkt durch Facebook oder Twitter. So als sei dies der Ersatz für die Zeitung am Morgen. Ist es nicht verblüffend, dass man am Morgen zunächst einmal schaut, was andere sagen oder tun? Bevor man selber etwas getan hat? Was für ein Zeichen setzen wir hier für den Tag? Der Tag sollte anders beginnen. Zunächst mit einem Kaffee oder Tee? Oder – versuchen wir es – mit dem Morgengebet (*Schacharit*)? (Ich werde es weiter versuchen, es ist nur ein Angebot). Wie wäre es, einen anderen Impuls für den Tag zu lesen? Eine Sammlung mit kurzen, inspirierenden Zitaten, über die man während des Vormittags nachdenken kann.

Elektronisch Lesen – aber nur auf einem Lesegerät

E-Books? E-Books sind eine gute Sache. Auf dem Smartphone werden aber Benachrichtigungen auftauchen und Aufmerksamkeit stehlen und leise »Fokusklau – Fokusklau« flüstern.

Ein Taschenbuch einstecken

Für kurze Wartezeiten sollte man stets ein kleines Taschenbuch bei sich tragen. Damit vermeidet man zielloses Scrollen durch Social Media Accounts. Das Mobiltelefon kann dann in der Tasche bleiben. Das verlängert übrigens auch die Lebenszeit des Akkus. Ein Buch ist schnell geöffnet und schnell geschlossen. Ideal für kurze Wartezeiten. Sogar im Stehen.

Benachrichtigungen ausschalten

Muss ich wirklich direkt und unmittelbar erfahren, dass jemand mein Bild bei Instagram mit einem *Like* belohnt hat, oder reicht es nicht, wenn ich beim nächsten Öffnen der App davon erfahre? Jede Benachrichtigung ist dazu gedacht, Aufmerksamkeit zu erzeugen: »Nimm dein Smartphone in die Hand!« Diese Entscheidung (schaue ich, oder schaue ich nicht), sollten wir treffen und nicht die Person, die den »Alarm« ausgelöst hat.

Das Smartphone aus dem Sichtbereich entfernen

Während der Arbeit könnte man das Telefon in den Schreibtisch legen oder einschließen. Es sollte nicht immer im Sichtbereich liegen und um Aufmerksamkeit betteln.

Die wichtigste Regel: Streitereien in Sozialen Medien umgehen

Hitzige Diskussionen bei Twitter oder Facebook sind in erster Linie eines: Zeitverschwendung. Es wird viel Adrenalin und Dopamin ausgeschüttet, aber selbst wenn ich selber das bessere Argument vorgebracht habe, die Zahl der Fälle, bei denen mein Gegenüber Einsicht hatte, wird sich im niedrigen einstelligen Prozentbereich bewegen. Man könnte selber versuchen, Dinge positiv zu formulieren und man ist Dritten gegenüber in den Netzwerken zu nichts verpflichtet.

Laschon hara — Die böse Zunge

Laschon hara (wörtlich: die böse Zunge) meint das Verbreiten oder Äußern von Aussagen, die nicht der Wahrheit entsprechen, aber auch sachlich zutreffender Äußerungen, wenn sie eine Person verleumden oder ihren Ruf ruinieren könnten.

Für den letzten Fall, der zunächst seltsam erscheint, bringt der Talmud (Arachin 16a) ein gutes Beispiel.

> »Etwa, wenn jemand bei einem Gastgeber eingeladen ist und dieser sich sehr gut um den Gast kümmert. Am nächsten Tag geht der Gast hinaus, setzt sich auf den Marktplatz und sagt: Möge der Barmherzige den So-und-so segnen, denn so gut hat er sich um mich gekümmert. Und alle Leute auf dem Marktplatz hören es und gehen zu diesem Gastgeber und bedrängen ihn.«

Als weitere Einführung in das Thema gibt es eine bekannte chassidische Geschichte. Wem das Stichwort »Kissen« im Zusammenhang mit *Laschon hara* etwas sagt, kann diesen Teil überspringen:

Ein Mann ging in einer Gemeinde umher und erzählte böswillige Lügen über den Rabbiner. Später erkannte er das Unrecht, das er getan hatte, und empfand Reue. Er ging zum Rabbi und bat ihn um Verzeihung und sagte, er würde alles tun, was er könne, um es wiedergutzumachen. Der Rabbi sagte zu dem Mann: »Nimm ein Federkissen, schneide es auf und verstreue die Federn in alle Winde.« Der Mann fand die Bitte seltsam, aber eigentlich leicht zu erfüllen. Deshalb tat er das gerne. Ein Kissen aufschneiden. Was war schon dabei? Als er zurückkam, um dem Rabbi über die erfolgreiche Arbeit zu berichten, antwortete der: »Nun geh und sammle die Federn ein. Denn den Schaden, den deine Worte angerichtet haben, kannst du ebenso wenig wiedergutmachen, wie du die Federn wieder einsammeln kannst.«

Eine reale Analogie aus dem Zeitalter des Internets gibt es dazu: 2016 kam ein Mann, den wir nur als *Liu* kennen, kam in die Stadt Weifang. Er war auf der Suche nach Arbeit und kannte sich nicht sehr gut aus. An einem Abend kam er an einen Platz auf dem getanzt wurde. Weil das nach Entspannung aussah, reihte er sich ein. Bis er bemerkte, dass man über ihn lachte und ihn fotografierte. Als er sich umschaute, bemerkte er, dass die Tanzveranstaltung für Damen mittleren Alters gedacht war. Natürlich ging er weg, aber Liu konnte die demütigenden Fotos nicht vergessen und wollte nicht, dass sie im Internet landen. Er wusste, dass die Verbreitung nicht kontrolliert werden konnte. Also entschied er sich dazu, das Internet zu zerstören. Er zog los und versuchte, Verteilerkästen für das Kabelnetz zu zertrümmern. Er wurde von der Polizei verhaftet.[30] Ein ähnlich

---

30| Erzählt nach Liu, Charles. »Chinese Guy, Angry at Embarrassing Photos Circulating Online, Tries to Destroy the Internet«. The Nanfang, 26. August 2016. https://www. thenanfang.com/man-tries-prevent-online-humiliation-destroying-public-internet-routers/.

verzweifeltes Unterfangen, wie das, die Federn einsammeln zu wollen.

Körperliche Auswirkungen in der Torah

Nachdem nun deutlich ist, welche Auswirkungen Worte haben können, werfen wir einen Blick in die Torah. Diese schildert eindrucksvoll, dass unser Thema auch körperliche Auswirkungen haben kann. Allerdings geht es hier nicht um die psychischen Auswirkungen auf denjenigen, über den gesprochen wird. Die Torah schildert einen anderen Blickwinkel:

Traduttore, Traditore», sagt man im Italienischen. Das bedeutet »Übersetzer, Verräter». Der Übersetzer eines Textes ist immer auch ein wenig dessen Verräter. Das ist ein Problem, das natürlich ganz besonders auf die zahlreichen Übersetzungen der Torah zutrifft. Trotz aller Qualität geht bei der Übertragung immer etwas verloren. Es können ganze Konzepte durch eine Übersetzung des Begriffs unsichtbar werden – wie im Wochenabschnitt Metzora[31]. In vielen Übersetzungen liest man von Aussätzigen. Aussatz ist ein Synonym für die Krankheit Lepra. Es kann also sein, dass der Leser auf die Idee käme, die Torah spräche über die Krankheit Lepra, und wir würden das Feld der Medizin betreten.

Im Buch Wajikra 14,35 wird gesagt, auch Häuser könnten an »Aussatz« leiden. Um das Konzept dahinter zu sehen, sollte man diesen Begriff unübersetzt lassen. Der Ausschlag ist dann »Zara'at«, und derjenige, der von ihm betroffen ist, ist der »Mezora».

31| *Wajikra* 14,1-15,33

Rabbiner Samson Raphael Hirsch (1808–1888) beschreibt *Zara'at* als »eine von innen heraus in der Haut sichtbar hervorbrechende Fäulnis«. Noch wichtiger scheint die talmudische Sichtweise auf *Zara'at*: Es ist weniger ein Krankheitsbild, sondern bei Menschen äußerliches Zeichen für einen inneren Zustand und bei Gegenständen für den Zustand des Besitzers. Deshalb wendet sich der Betroffene auch nicht an jemanden, der sich mit Heilkunde beschäftigt, sondern an einen *Kohen*, einen Priester. *Kohanim* waren keine Ärzte im Nebenberuf.

Laut Talmud (Arachin 16a) ist *Zara'at* das äußerliche Kennzeichen für üble Nachrede, Stolz oder einen falschen Eid. Der Betroffene ist dementsprechend auch nicht unberührbar. Ab dem Zeitpunkt, da der Kohen erklärt, der Betroffene leide an *Zara'at*, ist er »*tame*«. Dies wird gern mit »unrein« übersetzt. Es beschreibt einen Zustand, in dem eine Sache oder eine Person dem Zugriff durch andere entzogen ist. Dies endet erst, wenn die Person oder Sache wieder »*tahor*« (rein) ist.

Der *Mezora* bleibt vor dem Lager und harrt dort aus, bis die Symptome abgeklungen sind. Danach kehrt er zum *Kohen* zurück, und der führt ein Ritual (Wajikra 14,4–31) mit ihm durch, das dem Leser rätselhaft erscheinen muss, wenn er annimmt, wir hätten es mit Leprakranken zu tun. So heißt es »Sieht der *Kohen*, dass der *Zara'at*-Schaden beim *Mezora* geheilt ist, so befehle der *Kohen*, dass man für den, der sich reinigen lässt, zwei lebendige Vögel bringe, Zedernholz, hochrote Wolle und Ysop« (14,3-4). Am Ende des Rituals wird einer der beiden Vögel freigelassen.

Der Kommentator Raschi erklärt die Bestandteile des Vorgangs nicht medizinisch, sondern auf jemanden bezogen, der andere durch Sprache und Handeln verletzt hat: Die Zeder steht für Überheblichkeit und Hochmut. Die rote Wolle wurde mit einem Farbstoff gefärbt, der aus Läusen oder Würmern gewonnen wird. Wieder die Übersetzung! »Tola'at« kann Wurm bedeuten oder auch Wollfaden.

»Tola'at« steht für die Demut desjenigen, der geheilt wird. Ysop, eine bodennahe Pflanze, stünde ebenfalls dafür. Aber die Zeder könnte auch für etwas Positives stehen. In Tehillim 92,13 heißt es: »Der Gerechte blüht wie die Palme, wie die Zeder auf dem Lewanon ragt er empor.« Die Zeder könnte also vielmehr das Ziel symbolisieren, das derjenige, der an Zara'at leidet, erreichen soll. Wie? Indem er sich nicht über die anderen erhebt. Wie der Wurm oder der Ysop. So soll der Mensch in Zukunft leben.

Mit einer Rasur und einem Bad, die ebenfalls vorgeschrieben sind, ist die »Resozialisierung« also nicht abgeschlossen. Die körperliche Reinigung geht nicht ohne geistige – und umgekehrt. Beide Elemente funktionieren nur in ihrer Gesamtheit.

Die Vögel, so Raschi, repräsentierten die schlechte Rede desjenigen, der geheilt wird. Denn das Umhertragen übler Rede gleiche dem Gezwitscher (heißt nicht twittern zwitschern?) der Vögel: Einen Vogel, der auf dem Feld freigelassen wurde, kann man nicht mehr einfangen – wie die üble Rede, die man verbreitet hat.

Was dann folgt, mag uns ebenfalls rätselhaft erscheinen: Der Kohen gibt etwas Blut von einem Opfer auf das rechte Ohrläppchen, den rechten Daumen und rechten großen Zeh desjenigen, der sich gereinigt hat (14,14). Dann gibt er Öl auf diese Stellen und auf den Kopf.

Auch dies ist in mehrfacher Hinsicht symbolisch. Rabbiner Hirsch schreibt, dass diese Körperteile dafür stehen, dass der *Mezora* seine Gedanken (Ohr), seine Taten (Daumen) und sein Streben (Zeh) in die richtige Richtung lenkt. Aber nicht nur das! Im 3. Buch Mose (8, 23–24) wird mit dem Blut der Opfer auf genau diese Körperteile ein neuer *Kohen* »geweiht«; und später macht Schmuel Scha'ul zum König, indem er Öl auf seinen Kopf gießt (1. Schmuel 10,1). Der ehemalige *Mezora* wird also nicht nur wieder integriert, sondern er wird geradezu erhöht! Sein Transformationsprozess wird anerkannt.

Und die Häuser? Der Talmud geht davon aus, dass es diese Häuser niemals gegeben hat (Sanhedrin 71a) und das »Haus« in der Torah vor allem eine pädagogische Funktion hat. Denn üble Nachrede oder ein feindliches Klima können auch in Familien »gepflegt« werden, und das Haus steht stellvertretend für die Familie, die in ihr wohnt. Deshalb kommen die Symbole Zeder, *Tola'at* und Ysop auch bei Häusern zum Einsatz. Vergessen wir nicht, dass Haus, hebräisch »*Bajit*« für die gesamte Gemeinschaft stehen kann.

Es heißt ja auch »*Bejt Jisrael*«, Haus Israels – damit ist die Gemeinschaft aller Juden gemeint. Wenn ein Haus von *Zara'at* befallen ist, dann wird jeder Stein einzeln betrachtet und muss vielleicht entfernt werden. Im schlimmsten Fall wird das Haus abgetragen. Es obliegt allein dem *Kohen*, unsoziales Verhalten zu erkennen. In der Mischna (Negaim 3,1) heißt es, die Entscheidung über »*tame*« oder »*tahor*« obliege allein dem *Kohen*.

Der Betroffene schafft es ohne Hilfe nicht, seine Situation einzuschätzen; und eine »öffentliche Meinung« reicht ebenfalls nicht aus. Es muss sich ein Experte darum kümmern.

Mit der Übersetzung allein hätten wir die Botschaft der Torah, die bis in unsere Zeit hallt, vielleicht nicht wahrgenommen, sondern uns über medizinische Begriffe gewundert.

Heute äußert sich die schlechte Rede nicht mehr auf der Haut, sondern in einer gesellschaftlichen Schräglage.

Maimonides zu Laschon Hara

Maimonides soll an dieser Stelle nicht nur zusammenfassend geschildert werden, dafür ist sein Werk viel zu bedeutend. Das entsprechende Kapitel aus der *Mischne Torah* (*Hilchot De'ot* 7) wird direkt zitiert. Der folgende Text ist wichtig für das Verständnis von *Laschon hara* und schildert die wichtigsten Eckpunkte. Diese werden uns in späteren halachischen Texten wieder begegnen.

> **1)** Wer seinen Nächsten auskundschaftet, übertritt ein Verbot, denn es heißt: »Du sollst nicht als Zungenträger herumgehen unter deinem Volke« (Wajikra 19,16); und obgleich die Übertretung dieses Verbots nicht mit Geißelung geahndet wird, so ist dieselbe doch nicht weniger strafbar, und kann Ursache des Todes vieler Juden werden; daher heißt es auch gleich nach jenem Spruch: »Stehe nicht beim Blut deines Nächsten« (Wajikra 19,16). Ein Beispiel dafür gibt die Geschichte Doegs, des Edo-

miten (1. Buch Schmuel Kapitel 19).

2) Wer wird ein *Auskundschafter* genannt? Derjenige, der sich mit Neuigkeiten herumträgt,
von Einem zum Anderen geht und erzählt: Der
hat dies gesagt, und jener so gesprochen; ein
solcher, auch wenn seine Mitteilungen wahr
sind, richtet die Welt zu Grunde.

Eine noch weit größere, ebenfalls in diesem
Verbot mit inbegriffene Sünde ist die Verleumdung (*Laschon hara*). Ein Verleumder ist ein
solcher der, wäre es auch mit Grund, immer nur
Schändliches von seinem Nächsten erzählt; tut
er es ohne Grund, so wird er ein *Namensschän-
der* genannt, weil er den guten Namen seines
Nächsten untergräbt. Auf den Verleumder, der
ruhig dasitzend erzählt: »Dies hat er getan, so
waren seine Eltern, jenes habe ich über ihn gehört« und hiermit Schändliches mitteilt, beziehen sich die Worte des Psalmisten: »HaSchem
rotte aus alle glatten Lippen und Zungen, die
falsche Worte reden.« (Tehillim 12,4).

3) Die Weisen lehren: für drei Sünden wird
der Mensch schon in dieser Welt bestraft und
die künftige Welt verlieren, nämlich für Götzendienst, Blutschande, Mord; Verleumdung
jedoch wiegt schwerer als alle (Arachin 16b).

Ferner lehren die Weisen: Ein Verleumder ist
nicht besser, als ein Atheist [Sorry, atheisti-
sche Leser, Maimonides hat sich da klar posi-
tioniert]; denn es heißt: »Mit unseren Zungen

bringen wir es weit, sind unsere Lippen mit uns, wer will unser Herr sein?« (Tehillim 12,5). Wieder lehren die Weisen: »Drei werden von der Verleumdung getötet: Derjenige, der sie spricht, derjenige, der sie anhört und derjenige, den sie trifft (der Verleumdete). Wer sie aber anhört ist noch schuldiger, als derjenige, der sie spricht (Schabbat 56).

4) Eine untergeordnete Art von Verleumdung ist es, wenn jemand spricht: »Wer würde geglaubt haben, dass dieser und jener so sein würde, wie er jetzt ist« oder »schweigt von Jenem, ich mag nicht erzählen, was er beging, und was er war« und ähnliches mehr mehr. Und wer vom Wohl seines Nächsten vor dessen Feinden spricht, gehört dieser Klasse von Verleumdern an, denn er wird zur Veranlassung, dass diese Übles von ihm reden. Hierauf beziehen sich die Worte Salomons: »Wer seinen Freund mit Lob ausposaunt am frühen Morgen, der tut es zu seinem Fluche« (Mischlej 27,14). Denn sein Lobspruch bewirkt nur Übles.

Von dem, der ohne böse Absicht, nur in Scherz und Leichtsinn verleumdet, spricht der weise Salomo: Er gleicht dem, der zum Zeitvertreib Brandgeschosse, Pfeile und Tod absendet und spricht: »Ich scherze ja nur« (Mischlej 26,18-19). Gleicherweise ist es verboten, mit Hinterlist zu verleumden, als wenn man in aller Unschuld spräche und so zu tun, als wüsste man nicht, dass es Verleumdung sei, und bei etwai-

75

ger Zurechtweisung zu erwidern: »Ich wusste gar nicht, dass es Verleumdung sei, oder dass Jener dies und das getan hat.«

5) Erzählt man in Gegenwart seines Nächsten, oder hinter seinem Rücken Übles oder Dinge, die weiterverbreitet, seiner Person oder seinem Vermögen schaden, oder Angst und Schrecken einjagen, so ist das alles Verleumdung. Erzählt man dergleichen vor drei Personen, so wird es als allgemein bekannt angesehen. Wird es nun von einem dieser drei weitererzählt, so ist es keine Verleumdung, er müsste dann nämlich die Absicht haben, es weiter zu verbreiten und es weiter zu veröffentlichen.

6) Du sollst nicht in der Nachbarschaft von solchen Verleumdern wohnen, geschweige dich zu ihnen gesellen, oder ihre Worte anhören. Wurde doch das Strafgericht in der Wüste über unsere Vorfahren lediglich wegen Verleumdung verhängt.

7) Wer sich an seinen Mitmenschen rächt, der übertritt ein Verbot, denn es heißt: »Du sollst dich nicht rächen« (Wajikra 19,18); und obwohl darauf keine Geißelung steht, so ist es doch eine sehr böse Eigenschaft; denn der Mensch soll in irdischen Angelegenheiten überhaupt nachsichtig verfahren, und mit der Vernunft jener Kenner überlegen, dass dieselben eitel und nichtig sind, und der Rache nicht wert.

Was heißt Rache? Tritt Jemand zu seinem Nächsten mit der Bitte »leih mir deine Axt« und dieser antwortet: »Ich leihe sie dir nicht« und kommt aber selber am nächsten Morgen und braucht eine Axt, zu jenem, um sich eine solche zu erbitten und dieser antwortet dann: »Ich gebe sie dir nicht, weil du mir die deinige verweigertest, als ich dich darum bat«; so ist das Rache. Dieses aber ist nicht rechtens, er erfülle vielmehr die Bitte, und tue nicht wie jener. Ebenso verfahre man bei Ähnlichem, wie auch David von seinen guten Sitten spricht: »Wenn ich Böses dem mir übel Gesinnten erwiesen« etc. (Tehillim 7,5).

8) Ebenso sündigt ein Jude, der einem etwas nachsagt, denn es heißt: »Du sollst nichts nachtragen den Kindern deines Volks« (Wajikra 19,18). Was heißt aber nachtragen? Ruwen bittet Schimon, er möge ihm ein Haus vermieten oder einen Ochsen leihen, dieser aber schlägt es ab, kommt aber nach einiger Zeit zu Ruwen mit der Bitte, ihm etwas zu leihen oder zu vermieten. Schlägt nun jener es nicht ab, bemerkt aber dabei: Siehe, ich leihe dir, bin nicht so wie du, vergelte dir nicht mit Gleichem,— so übertritt er das Verbot, nicht nachzutragen.

Man tilge vielmehr jede Regung von Hass aus dem Herzen und trage nichts nach, denn so lange man nachträgt, und an das erlittene Unrecht denkt, wird man leicht zur Rache verleitet; darum legt die Schrift so große Bedeutung auf das

Nachtagen, und verlangt, das Unrecht im Herzen mit gänzlichem Vergessen auszulöschen. Das ist die rechte Weise, bei der die Wohlfahrt des Landes und der gegenseitige Verkehr der Menschen, am besten gedeihen.

Die Beteiligten

Bemerkenswert an *Laschon hara* ist, dass es hier nicht nur einen Beteiligten gibt, also denjenigen, der *Laschon hara* spricht. Wir haben den »Sender« und den »Empfänger« und beide sind Beteiligte. Es gibt keinen passiven Part. Der »Empfänger« ist ebenfalls verantwortlich. Das haben wir gerade von Maimonides gelesen:

> Wieder lehren die Weisen: »Drei werden von der Verleumdung getötet: Derjenige, der sie spricht, derjenige, der sie anhört und derjenige, den sie trifft (der Verleumdete). Wer sie aber anhört ist noch schuldiger, als derjenige, der sie spricht (Schabbat 56a).

Beide stehen in Beziehung zu dem, um den es geht. Es gibt also ein Dreieck:

»Sender« - »Empfänger« - »Betroffener«.

Orchot Tzadikim warnt deshalb sehr eindrücklich (24,15):

> Und unsere Weisen, seligen Angedenkens, sprachen: »*Laschon hara* tötet drei Menschen - denjenigen, der *Laschon hara* spricht, denjenigen, der ihm zuhört und denjenigen, über den *Laschon hara* gesprochen wird« (Arachin 15b). Und derjenige, der Laschon hara zuhört,

ist schuldiger als derjenige, der ihn ausspricht. Es ist verboten, sich in der Nachbarschaft von Klatschbasen aufzuhalten, und erst recht ist es verboten, mit ihnen zusammenzusitzen und ihren Worten zuzuhören.

Der *Chofetz Chajim* führt dies alles im Detail auf.

Schauen wir in seine »Einführung in die Gesetze des Verbots von *Laschon hara* und *Rechilut*, zu den negativen Geboten«:

Jemand, der Geschichten über seinen Freund erzählt, verstößt gegen ein negatives Gebot, nämlich (Wajikra 19,16): »Du sollst nicht verleumden unter deinem Volk.« Was ist Verleumdung? »Sich mit Worten beladen« und von einem zum anderen gehen und sagen: Das hat der Ploni[32] über dich gesagt; Das und das habe ich gehört, was der Ploni mit dir gemacht hat.« Obwohl das, was er sagt, wahr sein mag, zerstört es die Welt. Und es gibt eine Sünde, die viel größer ist als diese - *Laschon hara*, die in diesem negativen Gebot enthalten ist. Und das ist, abfällig über einen Freund zu sprechen, auch wenn das, was gesagt wird, wahr ist. Aber jemand, der falsch spricht, wird als ein *motzi schem ra* (jemand, der bösen Bericht verbreitet) bezeichnet.

Der Sprecher, sowie der »Empfänger« verstoßen ebenfalls gegen ein negatives Gebot, wie

---

32| Ploni ben Ploni ist der Max Mustermann der halachischen Literatur.

es heißt (Schemot 23,1): »Du sollst keinen falschen Bericht empfangen (*tissa*)«, was auch gelesen werden kann als: »Verbreite nicht (*tassi*) einen falschen Bericht«, so dass dieses negative Gebot beide einschließt.

Und auch der Sprecher verstößt gegen ein negatives Gebot (Dewarim 24,8): »Hüte dich bei dem Schaden des Aussatzes, dass du sehr behutsam seist« [über den Aussatz haben wir zu Beginn dieses Kapitels etwas gelesen], was *Sifra* (1,3) als »dass ihr nicht vergesst, auf *Laschon hara* zu achten, damit der Aussatz nicht über euch kommt«, interpretiert.

Und sowohl der Sprecher, als auch der Empfänger übertreten ein negatives Gebot (Wajikra 19,14): »Und vor den Blinden stelle keinen Stolperstein«; denn jeder stellt einen Stolperstein vor seinen Freund, um ausdrückliche negative Gebote in der Torah zu übertreten. Aber es gibt einen Unterschied zwischen dem Sprecher und dem Hörer in dieser Hinsicht. Denn der Sprecher übertritt dieses negative Gebot unabhängig davon, ob die Zuhörer viele oder wenige sind. Mehr noch, je mehr Zuhörer, desto mehr übertritt er dieses negative Gebot, indem er einen Stolperstein vor viele Menschen legt. Nicht so der Empfänger. Es ist möglich, dass er dieses negative Gebot nicht übertritt, es sei denn, er selbst hört die *Laschon hara* oder die *Rechilut* von ihm in dem Moment, so dass er, wenn er ihn verlassen hätte, niemanden hätte, dem er seine *Laschon hara* erzählen könnte. Aber wenn es, außer ihm, verschiedene Zuhörer zu der Zeit gibt, ist es möglich, dass der Hörer dieses negative Gebot nicht übertritt, sondern nur andere, die in dieser Einleitung erwähnt werden. Und all dies, wenn er kam, nachdem der »Vortrag« begonnen hatte. Aber der erste Zuhörer - auch wenn andere danach kamen - übertritt sicherlich in allen acht Modi, denn der *Issur*[33] wurde durch ihn initiiert. Auf jeden Fall muss man sich vor solchen Begleitern in Acht nehmen, nicht bei ihnen zu sitzen; denn im Himmel sind sie alle als eine *Gesellschaft der Schlechtigkeit* eingeschrieben. So steht es im Testament des Rabbiners Elieser Hagadol an Hyrkanus, seinen Sohn: »Mein Sohn, sitze nicht bei der Gesellschaft derer, die schlecht über ihre Freunde sprechen, denn wenn ihre Worte in die Höhe steigen, werden sie in ein Buch eingeschrieben, und alle, die dort stehen, werden als eine *Gesellschaft der Schlechtigkeit* beschrieben.«

Und auch der Sprecher von *Laschon hara* verstößt gegen ein Gebot (Dewarim 8,11): »Nimm dich in Acht, dass du HaSchem, deinen G!tt, nicht vergisst«, was eine Ermahnung an den Hochmütigen ist, denn da er seinen Freund verhöhnt und verspottet, hält er sich offenbar für weise und ein Mann unter Men-

---

33| Das *Verbot*. Profis werden *Issur* sagen.

schen. Denn wenn er seine eigenen Fehler kennen würde, würde er seinen Freund nicht verhöhnen. Und die Aussage der *Chazal*[34] in Sotah (4b) über die Schwere der Sünde des Stolzes ist wohlbekannt, nämlich: Wegen ihr [der Sünde] erwacht sein Staub nicht zur Auferstehung, er gilt als Götzendiener, die *Schechinah* weint über ihn, und er wird ein Gräuel genannt. Und besonders, wenn er sich selbst ehrt, indem er seinen Freund beschämt, übertritt er sicherlich dieses negative Gebot, abgesehen davon, dass unsere Rabbiner ihn von der kommenden Welt abgeschnitten haben, indem sie sagten (Talmud Jeruschalmi Chagigah 12,1): »Wer sich durch die Schande seines Freundes ehrt, hat keinen Anteil an der kommenden Welt.«

Der Sprecher und der Empfänger verstoßen ebenfalls gegen ein negatives Gebot (Wajikra 22,32): »Und du sollst meinen heiligen Namen nicht entweihen«, indem es keine Lust oder körperliche Lust gibt, die seinen *Jetzer*[35] dazu veranlasst, sich über ihn zu verstärken, so dass diese Sünde als Rebellion und unverhohlenes Abstreifen des Jochs des Himmels angesehen wird; und er entweiht dadurch den Namen des Himmels. Dies schon bei einem einfachen

---

34| *Chazal* steht für *Chachamejnu Sichronam Livracha* »Unsere Weisen, möge ihr Andenken gesegnet sein« und meint alle jüdischen Weisen der Mischna-, Tosefta- und Talmud-Epochen.

35| Der »Trieb«.

Juden; wie viel mehr bei einem angesehenen Mann, zu dem sie alle aufschauen, um ihn zu leiten, wobei der Name des Himmels gewiss entweiht wird. Und wie viel mehr, wenn diese Sünde in der Öffentlichkeit begangen werden würde, dann wäre sie äußerst schwerwiegend, der Übertreter würde ein *Schänder des Namens G!ttes in der Öffentlichkeit* genannt.

Und zuweilen verstößt der Sprecher gegen ein Gebot (Wajikra 19,17): »Du sollst deinen Bruder nicht in deinem Herzen hassen«, etwa wenn er mit seinem Freund in dessen Gegenwart »Frieden« spricht und ihn vor anderen verunglimpft, wenn er nicht in dessen Gegenwart ist. Und viel mehr, wenn er die Leute ausdrücklich auffordert, nicht zu gehen und es ihnen zu erzählen, in welchem Fall er, mit Sicherheit, dieses negative Gebot übertritt.

Manchmal verstößt auch der Sprecher gegen das Gebot (Wajikra 19,18): »Du sollst dich nicht rächen, und du sollst keinen Groll hegen«, etwa, wenn er Hass gegen ihn hegt, weil er ihn gebeten hat, ihm etwas zu leihen, und es ihm verweigert wurde; und danach, weil er etwas Erniedrigendes an ihm sieht, macht er es vor anderen bekannt. Von Anfang an verstößt er gegen »Du sollst keinen Groll hegen«, indem er den Groll in seinem Herzen trägt. Und später, wenn er sich rächt und die erniedrigende Sache, die er in ihm gesehen hat, offenbart, verstößt er gegen »Du sollst dich nicht rächen.«

Aber er muss die Sache aus seinem Herzen tilgen! [siehe auch das Kapitel *Halbanat Panim*]

Und wenn einer aufsteht und gegen einen anderen von sich aus vor dem *Bet-Din* über etwas Verbotenes aussagt, aber daraus kein Nutzen in Bezug auf Geld (aus einem Eide) oder Aufhebung von Kaschrut des anderen resultieren kann, da er der einzige Zeuge in der Angelegenheit ist, ist alles, was er dadurch erreicht, dass er dem anderen einen schlechten Namen gibt und er übertritt auch das negative Gebot von (Dewarim 19,15): »Ein Zeuge soll nicht gegen einen Menschen für jede Übertretung und für jede Sünde aussagen«, und das *Bet-Din* muss ihn dafür mit Schlägen bestrafen.

Und all das, was wir geschrieben haben, gilt für einen, der allein spricht oder allein zuhört; wenn er sich aber mit einer Gesellschaft von Bösewichten und Sprechern von *Laschon hara* zusammentut, um zu ihnen zu sprechen oder ihnen zuzuhören, dann übertritt er auch ein Gebot (Schemot 23,2): »Neige dich nicht nach vielen zum Bösen«, was eine Ermahnung ist, nicht mit Übeltätern übereinzustimmen oder sich ihnen anzuschließen, auch wenn sie viele sind.

Und wenn er einen Streit in seinem Reden nährt, übertritt er ebenfalls ein Gebot (Bamidbar 17,5). »Und er soll nicht sein wie Korach und wie seine Gemeinde«, was eine Ermahnung ist gegen das Weiterbefeuern eines Streits (vgl. Sanhedrin 110a).

Und manchmal gibt es noch ein weiteres negatives Gebot, das übertreten wird *Laschon hara* gegen jemanden im Zorn zu sprechen und ihn gleichzeitig zu verfluchen - manchmal sogar mit DEM Namen (wenn auch in der Umgangssprache). Indem man dies tut, übertritt man ein negatives Gebot, nämlich (Wajkra 19,14): »Du sollst einen Tauben nicht verfluchen« (gemeint ist: »sogar« ein Tauber - wie viel mehr einer, der nicht taub ist).

Wir haben siebzehn negative Gebote aufgezählt, die oft mit *Laschon hara* und *Rechilut* einhergehen - auch wenn er nur mit einem Juden spricht. Denn wenn er einem Juden gegenüber einem Nicht-Juden verleumdet, ist der *Issur* größer und schwerwiegender und geht manchmal in die Kategorie des *massur* [Informierens] über. Und die Übertretung von vielen der oben erwähnten negativen Gebote unterliegt dem Tod durch die Hand des Himmels – wie die Erniedrigung einer Witwe oder eines Waisenkindes oder die Entweihung des Namens. Und viele von ihnen haben Auswirkungen auf die kommende Welt, wie etwa das »Weißmachen« (dazu siehe „*Halbanat Panim*" auf Seite 129) des Gesichts eines Freundes in der Öffentlichkeit oder sich selbst zu ehren in der Schande seines Freundes. Dies im Falle von jemandem, der sich an diese schwere Übertretung von *La-*

schon hara und *Rechilut* gewöhnt.

Avak laschon hara

Avak laschon hara (Spuren von Laschon hara). Dabei handelt es sich um eine Aussage, die nicht direkt *Laschon hara* ist, aber andere dazu verleitet, *Laschon hara* zu sprechen. Sogar das Loben einer Person vor jemandem, der die Person nicht mag, das wird zu *Avak Laschon hara*, weil es den Rivalen dazu verleitet, dem Lob nicht zuzustimmen.

Das bedeutet konkret, dass ich darauf achten muss, auch Lob in bestimmten Situationen zu vermeiden. Nämlich dann, wenn es Schaden verursachen könnte. Vor Dieben den Reichtum von jemandem zu loben, wäre ein sehr einfaches Beispiel.

Bei Maimonides haben wir schwierigeres gelesen. Es betraf das Sprechen vor drei Personen. Dies wird *B'apej tlasa* (vor drei) genannt. Dieses Sprechen wird gesondert behandelt und offenbar ist die Halacha hier etwas nachsichtiger (oder ist es Maimonides?): Wenn etwas nicht abwertend ist, aber falsch aufgefasst werden könnte, darf es vor einer Gruppe gesagt werden. Da es wahrscheinlich ist, dass das Gesagte letztendlich auf das Thema zurückfällt, kann man davon ausgehen, dass der Sprecher die zweideutige Bemerkung in der nicht abwertenden Weise gemeint hat. Ein Beispiel für einen zweideutigen Kommentar, der als *b'apei tlasa* erlaubt wäre: »Die Familie Guski hat stets einen Topf auf dem Herd stehen der köchelt.« Das könnte bedeuten, dass die Familie besonders gastfreundlich wäre[36] und immer

---

36| Einige sagen so, andere so.

bereit für Gäste ist und das wäre doch eine positive Eigenschaft. Oder es bedeutet, dass die Familienmitglieder gerne essen und das wäre vermutlich eine negative Sache. Was es nicht bedeutet: *Laschon hara* vor einer Gruppe von Menschen zu sprechen - oder auch in sozialen Netzwerken.

Laschon hara empfangen

Aus dem Chofetz Chajim (6,1-2):

> Die Torah verbietet es, *Laschon hara* anzunehmen und zu glauben. Jemand, der *Laschon hara* annimmt, verstößt gegen das Verbot »Du sollst keinen falschen Bericht annehmen« (Schemot 23,1)… Es ist auch verboten, absichtlich auf *Laschon hara* zu hören, selbst wenn man nicht die Absicht hat, es zu glauben.

> Es gibt jedoch einen Unterschied zwischen dem Zuhören und dem Glauben von *Laschon hara.*

> Das Zuhören von *Laschon hara* ist verboten, wenn die Information ihn nicht betrifft. Wenn jedoch die Information, die gesagt wird, ihn in der Zukunft betreffen könnte, ist es erlaubt, zuzuhören, um vorbereitet zu sein und sich selbst [vor Schaden oder Verletzung] zu schützen. Es ist erlaubt, weil es nicht seine Absicht ist, die abwertende Information über die Person zu hören, sondern sich vor Schaden zu schützen.

> Es ist jedoch unter allen Umständen verboten, an *Laschon hara* zu glauben und im Herzen zu

> entscheiden, dass die Information wahr ist [es
> sei denn, sie wird bestätigt].

Spitzfindig könnte man nun behaupten. Wir haben lediglich über das »Sprechen« diskutiert. Bei Twitter und Facebook schreiben wir aber. Das wurde im im *Chofetz Chajim* (1,1,8) schon mitgedacht:

> Das Verbot von *Laschon hara* gilt sowohl für
> das Sprechen mit dem Mund, als auch für das
> Schreiben in einem Brief. Es macht auch keinen
> Unterschied, wie er *Laschon hara* mitteilt - ob
> explizit oder durch eine Andeutung - in allen
> Fällen wird es als *Laschon hara* kategorisiert.

Samson Raphael Hirsch schreibt in seinem Werk *Chorew* (§135)

> Eine Bösrede, die dir Nachteiliges von deinem
> Bruder, von deiner Schwester berichtet, höre
> nicht an; und hast du sie angehört, nimm sie
> nicht auf, dass du etwa auch nur im Gerings-
> ten in deiner Liebe und Achtung gegen deinen
> Bruder und deine Schwester diese Rede Folge
> haben lässt. Du weißt es, dein Bruder kann kein
> Verbrechen begangen habe, das so groß ist wie
> dasjenige, das in dem Augenblick der Bösred-
> ner begeht; und wäre dieser sonst dir der Ach-
> tungswerteste, in dem Augenblick stellt er sich
> selbst dir als Bösewicht dar – du darfst ihn nicht
> anhören, noch weniger seiner Rede im Gerings-
> ten Glauben schenken.

Motzi Schem Ra

Wir haben gesehen, wie *Laschon hara* eingeschätzt wird und was man dagegen tun könnte. Es geht aber noch schlimmer: Die lügenhafte böse Rede, die bewußt unwahre Behauptungen verbreitet (Stichwort Fakenews), wird als *Motzo schem ra* bezeichnet. Dafür kennt die Torah eine doppelte Strafe (Dewarim 22,13): Die Geißelung und die Zahlung einer Geldstrafe.

Im Traktat Arachin wird das Thema über mehrere Blätter hinweg verhandelt, weil kein Mensch dieser Sünde entgehen kann (Baba Batra 164b). Sie wird mit »Pfeilen« verglichen (heute würde man wohl Raketen als Analogie verwenden), den sie trifft auch in der Ferne. Der Verleumder spricht in Rom und tötet in Syrien (Bereschit Rabba 98,19). Die üble Nachrede gleicht dem Biß einer Schlange, der an einem Körperteil geschieht, aber an allen anderen auch als schmerzhaft empfunden wird (Jeruschalmi Pea 16a):

> Rabbi Schmuel bar Nachman erzählt: Man fragte die Schlange einst, warum sie beim Kriechen immer die Zunge herausschlage und Staub lecke? Sie antwortete: Die Zunge hat mir diesen Fluch verschafft. Weiter fragte man sie: Was hast du für einen Nutzen davon, die Leute zu stechen [zu beißen]? Der Löwe zerreisst und verzehrt, der Bär zerreisst und verzehrt, welchen Gewinn aber hast du? Sie antwortete [mit Bezug auf Kohelet 10, 11]: Wenn es mir nicht vom Himmel befohlen wurde, würde ich nicht stechen.

Sodann fragte man sie: Wenn du ein Körperteil stichst, warum empfinden es alle anderen Körperteile auch? Sie antwortete: Was befragt ihr mich dazu? Fragt doch den Verleumder, welcher, wenn er hier spricht, in Rom tötet, und wenn er, in Rom redet, in Syrien tötet. Letztendlich fragte man sie: Warum hältst du dich in den Zäunen und Hecken auf? Sie antwortete: Weil ich (durch den verbotenen Baum) den Zaun der Welt eingerissen habe.

Wann Laschon hara erlaubt ist

Aus dem Chofetz Chajim (10,2)

Wenn ein Mann sah, wie jemand seinem Freund Schaden zufügte, sei es, dass er ihn beraubte, ihm Unrecht tat oder ihm Schaden zufügte, ob der Beraubte oder derjenige, der ihm Schaden zufügte, davon wusste oder nicht - oder wenn er ihn beschämte oder ihm Unrecht tat oder ihm mit Worten Unrecht getan hat - und es ist ihm deutlich bekannt geworden, dass er den Diebstahl nicht zurückgegeben oder den Schaden nicht ersetzt hat und ihn nicht um Verzeihung für seine Übertretung gebeten hat -, so kann er, auch wenn er diese Sache selbst gesehen hat, anderen davon berichten, um demjenigen zu helfen, dem Unrecht getan wurde, und um diese bösen Taten vor den Menschen zu verurteilen; aber er muss darauf achten, dass die folgenden sieben Einzelheiten nicht fehlen, die wir jetzt erklären werden:

a) dass er die Sache selbst sieht und nicht von anderen davon hört, es sei denn, es wird ihm danach klar, dass die Sache wahr ist.

b) dass er darauf achtet, dass er nicht sofort feststellt, dass es sich um Diebstahl oder Unrecht oder Schaden und dergleichen handelt, ohne sorgfältig zu prüfen, ob es sich tatsächlich um Diebstahl oder Schaden im Sinne des Din handelt.

c) dass er den Sünder zuerst sanft zurechtweist – vielleicht wird es [der Beweis] ihm nützen und er wird dadurch seine Wege berichtigen. Und wenn er nicht auf ihn hört, dann soll er die Leute auf die Schuld dieses Mannes hinweisen - wie er seinen Freund absichtlich geschädigt hat.

d) dass er das Unrecht nicht über das hinaus übertreiben soll, was es ist.

e) dass er den Nutzen [der anderen] beabsichtigen sollte und nicht, G!tt bewahre, um selbst von dem Makel zu profitieren, den er seinem Freund zuschreibt, und nicht aus Hass, den er ihm von früher entgegenbringt.

f) wenn er den gewünschten Nutzen selbst herbeiführen kann, ohne ihn für seine Tat bloßzustellen, dann ist es in allen Fällen verboten, [von dem, was er getan hat] zu sprechen.

g) dass er demjenigen, über den er spricht, nicht mehr Schaden zufügt, als er erleiden würde, wenn die Angelegenheit vor einem Bejt-Din verhandelt würde.

Was ist mit Nachrichten und Blogs?

Alles gelesen und verstanden, aber bedeutet das, dass man gar nichts mehr in Blogs oder Zeitungen schreiben soll?

Doch! Es ist manchmal sogar erforderlich »schlecht« über jemanden zu sprechen, denn genau dann, wenn dies der Öffentlichkeit oder einem großen Personenkreis einen Nutzen bringt und wenn dieser Nutzen nicht auf andere Weise herbeigeführt werden kann. Nehmen wir einen Betrüger. Wenn er sich als ehrlicher Geschäftsmann präsentiert, dann müssen Menschen über sein Vorhaben informiert werden.

Andere Haltungen

Es dürfte allgemein bekannt sein, dass der tägliche Klatsch auch eine soziale Funktion erfüllt. Im Büro kann man sich über gemeinsame Erfahrungen und Erlebnisse austauschen. Der »Austausch« mit Gleichgesinnten schafft ein Gefühl von Zusammengehörigkeit und sorgt so auch als sozialer Klebstoff. Wir gehören zusammen und diese und jene nicht. Der Widerspruch ist nicht leicht aufzulösen und das soll hier auch gar nicht versucht werden. Vielleicht kann man sich darauf festlegen, auch am Arbeitsplatz nichts über Dritte zu erzählen, das man der Person nicht auch von Angesicht zu Angesicht sagen würde? Schnell wäre sonst die Schwelle zu Mobbing überschritten. Der *Chofetz Chajim* setzt einen recht hohen Standard voraus. Wieviel jede und jeder in seinen Alltag integrieren will, liegt im eigenen Ermessen. Ein paar Punkte, die man vielleicht als »feststehend« betrachten sollte – gerade für die sozialen Netzwerke:

- Nichts weiterverbreiten, von dem ich nicht aus erster Hand weiß, dass es zutrifft.
- Nichts schreiben oder sagen, das jemand anderem, oder dessen Ruf, schaden könnte.

Wer sich einmal mit dem *Chofetz Chajim* auseinandergesetzt hat, dem dürfte es schwerfallen, hinter ein bestimmtes Verhalten »zurückzufallen« und damit ist schon ein wenig Bewusstsein für das eigene Verhalten entstanden.

Rechilut

> Du sollst nicht als Schwätzer [*Rachil*] in deinem Volk auf und ab gehen, und du sollst nicht untätig bei dem Blut deines Nächsten stehen; denn ich bin Haschem. (*Wajikra 19,16*)

> Wer wie ein Schwätzer umhergeht, der verrät Geheimnisse; wer aber einen treuen Geist hat, der verbirgt eine Sache. (*Mischlej 11,13*)

Mit *Rechilut* begegnen wir der »Ausbaustufe« von *Laschon hara*. Denn hier Handelt es sich darum, dass man Dinge über eine andere Person weitergibt, die man selber nur gehört hat. Wie bei *Laschon hara* muss das nicht unbedingt etwas negatives sein.

Schauen wir in die Einleitung des zweiten Teils des *Chofetz Chajim*:

> In diesem Prinzip wird das Verbot erklärt, *Rechilut* zu sprechen, auch wenn es absolut wahr ist, was überhaupt *Rechilut* genannt wird, was zu antworten ist, wenn jemand fragt »Was hat Ploni über mich gesagt?« und alle anderen Details des Verbots.

> Wer Geschichten über seinen Freund erzählt, verstößt gegen das negative Gebot von (Wajikra 19,16): »Du sollst nicht schwatzhaft sein unter deinem Volk.« Es ist eine große Sünde und führt zur Tötung vieler Seelen in Israel,

weswegen darauf folgt: »Du sollst nicht zum Blut deines Nächsten stehen.« Schauen Sie sich an, was aus der *Rechilut* von Doeg, dem Edomiter, resultierte (nämlich 1. Schmuel 21), wegen der die ganze Stadt Now, die Stadt der Kohanim, ausgelöscht wurde. Und dieses negative Gebot, das wir angeführt haben, ist das, was die Torah explizit für diesen Issur geschrieben hat. Aber abgesehen davon gibt es viele andere [relevante] negative und positive Gebote.

Moment?!

Was war denn mit Doeg?

Doeg, der Edomiter, erzählte König Scha'ul, dass Achimelech ben Achituv, ein *Kohen* (Priester) der Stadt Now, David, der vor Scha'ul auf der Flucht war, Nahrung und Waffen gab. Nachdem er gehört hatte, was Achimelech für seinen Rivalen David getan hatte, befahl Scha'ul, dass alle *Kohanim* in Now getötet werden sollten. (Schmuel 1, 21-22)

Der *Chofetz Chajim* fragt (Rechilut 2,1,2):

Was ist »Schwatzhaftigkeit« *rachil*?

Und beantwortet die Frage selbstverständlich auch:

Mit Dingen (über jemanden) von einem zum anderen hausieren gehen und sagen: »Dies und das hat *Ploni* über Dich gesagt. Dies und das hat dir *Ploni* angetan. Dies und das ist, was ich gehört habe, dass er dir angetan hat oder dir antun will.« Auch wenn dies für denjenigen, über den gesprochen wird, nicht erniedrigend sein mag, selbst nach den Worten des Gerüchtestreuers, und wenn der Betroffene selber gefragt werden würde und er es nicht leugnen würde – entweder weil es die Wahrheit ist und das Recht bei ihm ist – oder weil er etwas anderes mit seinen Taten oder Worten beabsichtigt hat –, wird er dennoch ein »Gerüchtestreuer« genannt.

Und wisse, dass Verbot von *Rechilut* auch dann gilt, wenn der Sprecher mit seiner *Rechilut* nicht beabsichtigt, Hass in das Herz des Hörers gegen denjenigen zu pflanzen, und selbst wenn nach seiner Meinung derjenige, der etwas gegen ihn gesagt oder getan hat, Recht hatte, wird er ein »Gerüchtestreuer« genannt.

Alles, was wir darüber gesagt haben, nämlich dass *Rechilut* verboten ist, gilt auch dann, wenn das Erzählte in jeder Hinsicht wahr ist und keine Beimischung von Falschem enthält. Und nicht nur dann, wenn man sich von Beginn an gemocht hat und jemand hingeht und eine Geschichte von dem einen gegen den anderen erzählt, wird er »böse« und »ein Greuel vor HaSchem« genannt, nämlich (Mischlej 6,16): »Diese sechs sind HaSchem verhasst, und der siebte ist ein Gräuel für seine Seele … und ein Anstifter zum Streit unter Brüdern«, worüber Chazal gesagt haben (Wajikra Rabba, Metzora 16,61): »Dieses siebte ist das schwerste von allen.« Aber selbst wenn sie in Abwesenheit dessen, großen Hass gegeneinander hegten, und dieser eine ging und trug die Geschichte vor, wird er Gerüchtestreuer genannt.

Noch ein Blick in das vollständige Zitat aus Mischlej (6,16):

> Diese sechs sind HaSchem verhasst, und der siebte ist ein Gräuel für seine Seele: Hochblickende Augen, falsche Zunge und Hände, die unschuldig Blut vergießen. Ein Herz, das Gedanken des Unheils schmiedet, Füße, die behende zum Bösen zu rennen. Ein Lügenschmied, nämlich ein falscher Zeuge, und wer unter Brüdern Zank anstiftet.

Weiter mit dem *Chofetz Chajim*:

> Es gibt keinen Unterschied bezüglich des Verbots vom *Rechilut* sprechen, ob man es aus eigenem Antrieb erzählt hat, oder ob ein Freund ein wenig von selbst verstand und einen anflehte, es zu erzählen, was *Ploni* vor ihm über ihn gesagt hatte. Und selbst wenn der eigene Vater oder der eigene Rabbi einen angefleht haben, es ihnen zu erzählen, was *Ploni* über sie gesagt hat, und selbst wenn es nur der »Staub« von *Rechilut* ist, ist es in jedem Fall verboten!

Der *Chofetz Chajim* ist recht prinzipiell, wie wir gleich feststellen werden:

> Und selbst wenn man sieht, dass jemand dadurch, dass man es nicht offenbart hat, großen Verlust erleiden würde, weil er abhängig von anderen ist, die, wenn sie auch nur einen Teil der Angelegenheit verstehen, sich gegen die Person erheben würden, damit man es offenbart, und man fürchtet, dem unerlaubten gemeinsamen

Vorgehen zum Schaden eines Dritten mit *Ploni* verdächtigt zu werden und entlassen zu werden und nicht in der Lage zu sein, den Lebensunterhalt für seine Familie zu sichern – dennoch ist es verboten *Rechilut* zu sprechen, wie im Fall aller anderen negativen Gebote. Auch bei diesen muss man alles aufgeben was man besitzt hat, statt ein Gebot zu übertreten. [Ja, der Chofetz Chajim ist hier ziemlich rigoros] Ausgenommen ist der Fall, bei dem die Offenlegung den Schaden beseitigen oder einen Streit beenden könnte. Aber man darf sich nicht zu voreilig auf diese rabbinische Erlaubnis verlassen, denn sie bringt viele Einschränkungen mit sich.

Und vor allem, wenn er durch das Nichterzählen der Geschichte keinen finanziellen Verlust erleidet, sondern *nur* Verfluchung und Beschimpfung zu befürchten hat, dann ist es mit Sicherheit verboten und er braucht dies überhaupt nicht zur Kenntnis zu nehmen, da er in seiner Seele weiß, dass er dadurch zu den »Liebhabern des gesegneten Herrn« gezählt wird und »sein Gesicht wie das Licht der Sonne leuchten wird«, wie die Weisen gesagt haben (Joma 23a): »Diejenigen, die beschämt werden und sich nicht schämen, die sich beschimpfen lassen und nicht antworten etc.« Über sie heißt es in der Schrift (Richter 5,31): »...und seine Liebhaber, wie der Aufgang der Sonne in ihrer Macht« - wie viel mehr derjenige, der für die Mitzwot HaSchems Demütigung erleidet.

Auf der anderen Seite kann es auch Ausnahmen geben:

> Was die Beantwortung betrifft, wenn man ihn fragt: »Was hat *Ploni* über mich gesagt?«, so hängt dies von Folgendem ab: Wenn er ihm so antworten kann, dass das, was er sagt, weder absolute Unwahrheit noch *Rechilut* ist, soll er ihm so antworten und nicht die Unwahrheit sagen. Wenn er aber versteht, dass sein Freund dies nicht als Antwort auffassen wird, darf er um des Friedens willen die absolute Unwahrheit sagen. Aber er darf nicht die Unwahrheit schwören, G!tt bewahre.

> Und wisse, dass, wenn er den Namen des Mannes, der *Rechilut* gegen ihn gesprochen hat, nicht ausdrücklich erwähnt, sondern nur allgemein spricht, und ihm danach der Name dieses Mannes bekannt wird, oder die Einzelheiten dessen, was über ihn gesagt wurde – oder wenn er selbst wusste, was ihm angetan wurde, aber nicht wusste, wer es tat oder wer gegen ihn sprach, und dieser Verbreiter von *Rechilut* kam und ihm durch Zeichen zeigte, wer es war – auch das ist verboten.

> Und wisse weiter, dass es bei dem Verbot von *Rechilut* keinen Unterschied macht, ob er ausdrücklich sagt, was jemand ihm angetan oder über ihn gesagt hat, oder ob er es schriftlich festhält. Und es ist dasselbe, ob er ihm sagt, dass jemand ihn persönlich erniedrigt hat oder dass er sein Eigentum erniedrigt hat, da er dadurch Hass gegen ihn in sein Herz einflößt.

Der *Chofetz Chajim* sieht dennoch die Möglichkeit, dass das, was als *Rechilut* bezeichnet wird, auch unter gewissen Umständen erlaubt sein könnte (Rechilut, Prinzip 9):

> Wenn man sieht, dass sein Freund eine Partnerschaft mit jemandem eingehen möchte, und er spürt, dass er dadurch sicherlich Schaden erleiden wird, muss er ihm sagen, dass er ihn vor diesem Schaden bewahren soll, aber die folgenden fünf Bedingungen müssen erfüllt sein: Sie sind:
>
> **a)** Er muss darauf achten, dass er nicht voreilig zu dem Schluss kommt, dass ein Schaden entstehen wird, sondern muss von Anfang an sorgfältig überlegen, ob das Ergebnis tatsächlich schädlich sein wird.
>
> **b)** Er darf die Sache nicht schlimmer darstellen, als sie tatsächlich ist.
>
> **c)** Seine Absicht darf nur zum Nutzen sein, d. h. um den Schaden vom ersten zu beseitigen, und nicht, weil er den anderen hasst. (Und in dieser dritten Bedingung werden wir noch eine weitere Sache einbeziehen - dass er neben der Absicht, Nutzen zu stiften und nicht durch Hass motiviert zu sein, zuerst darüber nachdenken muss, ob tatsächlich Nutzen daraus erwächst – im Gegensatz zu dem, was sehr oft geschieht, dass er, selbst wenn man es ihm sagt, nicht auf ihn hört, sondern eine Partnerschaft mit ihm eingeht, und hinterher, wenn sein Partner ihn

mit irgendetwas verärgert, wird er ihm sagen: »Er hatte recht, als er mir sagte, ich solle nicht dein Partner werden«, und dergleichen. Für solche Menschen, bei denen er diesen schlechten Charakterzug der *Rechilut* erkennt, ist keine Erlaubnis denkbar, denn es lässt diese Blinden über das negative Gebot der *Rechilut* stolpern).

d) Wenn er diese Wohltat auch bewirken kann, ohne schlecht über den anderen sprechen zu müssen, sollte er den anderen Weg gehen.

e) All dies ist nur erlaubt, wenn derjenige, über den gesprochen wird, keinen Schaden erleiden wird, wegen dem, was über ihn gesagt wird. Das heißt, es ist nicht erlaubt, ihm einen zusätzlichen Schaden zuzufügen, sondern nur, ihm das Gute zu nehmen, das ihm aus der Partnerschaft hätte erwachsen können. Auch wenn dies [sogar] schlecht für ihn ist, ist es in jedem Fall erlaubt. Aber wenn ihm absoluter Schaden entsteht durch das, was über ihn gesagt wird, ist es verboten, über ihn zu sprechen.

Weiter heißt es in einem anderen Fall:

Und nun werden wir eine weitere Situation beschreiben, in der das Verbot von *Rechilut* **nicht** gilt. Wenn man einen anderen sagen hört: »Wenn ich *Ploni* an diesem und jenem Ort treffe, werde ich ihn schlagen oder ich werde ihn beleidigen und beschämen«, oder wenn er von ihm gehört hat, dass er beabsichtigt, ihm einen finanziellen Schaden zuzufügen, dann hängt die Entscheidung von diesen Punkten ab: Wenn dieser Mann einen Ruf für solche Dinge hat, weil er schon anderen

Personen häufiger solche Dinge angetan hat, oder wenn er aus der Situation entsprechend erkennt, dass das, was seinen Mund verließ, keine reine Übertreibung war, und dass er seinen Worten tatsächlich Taten folgen lassen würde, muss er dies der anderen Partei offenbaren. Vielleicht kann er dann auf den anderen Rücksicht nehmen, damit er nicht von ihm beschämt oder geschädigt wird. Aber auch hier muss er darauf achten, dass es an all den oben genannten Bedingungen nicht mangelt.

Radikale Medienkompetenz!

Für den Umgang in den sozialen Medien kann man aus den Regeln, die der *Chofetz Chajim* aufgestellt hat, einiges berücksichtigen, bevor man leichtfertig Informationen oder *Gerüchte* teilt.

Schauen wir auf Informationen, die tatsächlich *falsch* sind. Wie kann man selber verhindern, falsche Informationen zu verbreiten?

Mit *radikaler* Medienkompetenz! Es mag schwer fallen, aber wir haben gesehen, dass man sich, zumindest aus jüdischer Sicht, nicht einfach aus der Verantwortung stehlen kann. Für Inhalte, die ich verbreite, bin ich mit-verantwortlich. Bevor ich also lediglich einen Text, ein Video oder ein Meme sehe, das mir inhaltlich zusagt und ich es teilen möchte, muss ich (ohne jede Diskussion) schauen, wer der Absender ist. Ist es ein öffentlich-rechtlicher Sender oder ein anerkanntes Qualitätsmedium (die großen Zeitungen), dann ist die Information mit großer Sicherheit auch überprüft worden. Auch wenn dort nicht immer alles reibungslos funktioniert, so unterliegen die großen Spieler der Medienbranche

Qualitätsanforderungen. Bei kleineren Anbietern kann das schon anders aussehen. Ein Hinweis auf wenig verantwortlichen Umgang mit Nachrichten sind übrigens »Clickbait-Überschriften«, also Überschriften, die uns eine Information vorenthalten und einen Spannungsbogen aufbauen möchten. »...was dann passiert(e), wirst Du nicht glauben«, »was passierte, rührte alle zu Tränen« oder »macht alle wütend« sind Satzbestandteile, die jede Leserin und jeden Leser stutzig machen sollten. Belohnen sollte man das dadurch, dass man es **nicht** anklickt und das entsprechende Medium stummschaltet.

Nicht immer hat man es mit vollständigen Falschmeldungen zu tun und nicht immer ist der Mechanismus dahinter erkennbar. Zuweilen sind Meldungen verdreht oder verzerrt. Manchmal werden Berichte auch in Gestalt journalistischer Nachrichten in Umlauf gebracht, sind aber tatsächlich keine. Oder es wird ein seriöser Hintergrund behauptet, der nicht zu schnell zu durchschauen ist. Den Namen des Mediums kann man bei Google leicht recherchieren. Es reicht hier übrigens nicht, die Selbstdarstellung zu lesen! Wichtig ist, was andere vertrauenswürdige Quellen über das Medium veröffentlicht haben. Im besten Falle prüft man auch kurz, in welchen Medien ein Autor noch zu finden ist. Manchmal ist auch die Wikipedia ein guter Anlaufpunkt. Zwar werden auch diese Beiträge durch anonyme Mitwirkende zusammengetragen, aber es zumindest ein Mindestmaß an Verifizierung. Die Autoren müssen ihre Quellen angeben und diese werden – theoretisch jedenfalls – durch Dritte geprüft.

Ein seriöser Name kann Seriosität nur vorspiegeln. So berichtete das Recherchezentrum CORRECTIV

2019 detailliert über das Onlineportal »Gatestone-Institut«[37]. Das Schlagwort »Institut« suggeriert Verlässlichkeit, statt dessen heißt es aber: »Der US-amerikanische Think-Tank ›Gatestone Institute‹ verfolgt eine islamfeindliche Agenda und schafft eine Basis für europaweite Desinformation.« Einige israelsolidarische Netzseiten haben verschiedentlich »Meldungen« des »Gatestone Instituts« wiedergegeben und sich damit wiederum angreifbar gemacht.

Um Informationen, oder Nachrichten zu bestätigen, bevor man sie weiterreicht, können wir folgende Punkte berücksichtigen:

- Wir schauen, ob die Nachricht noch über andere, größere Medien verbreitet wurde. Ist sie gar nicht auffindbar, liegt der Schluss nahe, dass die Quelle nicht seriös ist.
- Es kann nicht schaden, nach der Aktualität der Nachricht zu schauen. Von wann stammt sie?
- Wie lange ist derjenige, der die Nachricht bei Twitter oder Facebook in Umlauf gebracht hat (ist in der Regel ja zu sehen), aktiv und was hat er bisher gepostet?
- Handelt es sich um einen Artikel in einem Blog? Unbedingt schauen, auf welchen Blogs die Au-

---

37| Eckert, Till, Cristina Helberg, und Tania Röttger. »Der Geschichtenerzähler: Beim Gatestone Institute entstehen Falschmeldungen, die bis nach Deutschland wandern«. Correctiv.org, 24. Mai 2019. https://correctiv.org/faktencheck/hintergrund/2019/05/24/der-geschichtenerzaehler-beim-gatestone-institute-entstehen-falschmeldungen-die-bis-nach-deutschland-wandern/.

torin oder der Autor noch veröffentlicht hat und welche Inhalte dies waren. Eine einfache Google-Suche ist da schon hilfreich. Es reicht nicht aus, sich auf die Selbstbeschreibung der Autorin oder des Autors in einem Kasten auf der Seite zu verlassen.

- Das gleiche gilt für eine »Seite« oder »Gruppe« bei Facebook. Wer ist dort noch aktiv und was wird dort normalerweise geteilt?

- Ergeben die bisher veröffentlichten Beiträge der Quelle Sinn und erscheinen diese glaubhaft?

- Wie viele Freunde oder Follower hat das Nutzerkonto? Bots haben nicht sehr viele Freunde oder Follower. Sie wurden nur dazu erstellt, Nachrichten zu teilen und weiter im Umlauf zu halten.

- Wie werden die Informationen vermittelt? Wie ist der »Ton« oder der Sprachgebrauch? Wird an Emotionen oder Ängste appelliert? Vertrauenswürdige Experten vermitteln ihr Wissen so objektiv und so neutral wie möglich.

- Werden Quellen zitiert? Diese kann man schnell verifizieren. Existieren diese überhaupt? Sind die Zitate korrekt?

- Beim Einsatz von Bildern: Bilder könnten aus einem ganz anderen Zusammenhang stammen. Bei der Überprüfung einer Bildquelle ist die umgekehrte Bildersuche von Google sehr hilfreich: Einfach die URL des Bildes kopieren und einfügen oder ein Bild hochladen und mit Hilfe der Suche herausfinden, aus welchem Kontext das Bild tatsächlich stammt. Die Google-Bildersuche erreicht man unter google.de/imghp – ein anderes Werkzeug zur Bildersuche ist tineye.com.

- Faktenchecks verwenden. Das Projekt mimika-ma.at warnt vor Falschmeldungen, Abo-Fallen oder Kettenbriefen.

Liest sich kompliziert, tatsächlich ist es auch nicht einfach. Aber wir alle tragen Verantwortung. Wer nicht mit einem Grundzweifel an den sozialen Medien teilnimmt, der ist schon Teil des Problems.

Quellen nennen

Die Nennung von Quellen, auch wenn es lästig und kompliziert erscheinen mag, ist natürlich wissenschaftlicher Standard, aber auch geübte Praxis in der halachischen Literatur und das geht zurück bis auf den Talmud und die Mischna: Rabbi A hat von Rabbi B die Lehre von Rabbi C erhalten. Was sich für uns heute mitunter seltsam anhört, ist keine literarische Ausschmückung, sondern zeigt, wie wichtig es ist, die Quelle einer Lehre oder Meinung zu kennen.

Wer sich viel mit dem Talmud beschäftigt, den verwundert es, dass manches Zitat lediglich mit der Quellenangabe »Talmud« in die Welt gesetzt wurde. So ist ein vermeintlicher Klassiker der Spruch »Achte auf deine Gedanken, denn sie werden Worte, achte auf deine Worte, denn sie werden Handlungen, achte auf deine Handlungen, denn sie werden Gewohnheiten, achte auf deine Gewohnheiten, denn sie werden dein Charakter, achte auf deinen Charakter, denn er wird dein Schicksal«.

Das mag nach den Sprüchen der Väter klingen, doch tatsächlich stammt diese Weisheit wohl von dem englischen Schriftsteller Charles Reade (1814–1884). Irgendwann hat jemand damit begonnen, das Zitat dem Talmud zuzuschreiben – ohne Stellenangabe. Und dann fand es die nächste Person toll und schrieb es ab. Irgendwann hat es sich dann verfestigt. So erging es vielen Sammlungen mit Aphorismen aus dem Talmud. Unsere Weisen hätten vielleicht gefragt: Aber woher hast du diese Lehre?

Ein anderes Beispiel, wenn auch etwas weniger spektakulär, ist der Satz: »Zwei können dreimal so viel tragen wie einer.« Der Spruch eignet sich bestens dafür, über Gruppendynamik zu schreiben und darüber, wie wichtig Zusammenarbeit ist. Als Quelle wird Sota 34 angegeben.

Schauen wir uns die Stelle an. Auf Blatt 34a wird der Vers »Jeder von euch nehme einen Stein auf die Schulter entsprechend der Anzahl der Stämme Jisraels« (Jehoschua 4,5) diskutiert. Der größere Zusammenhang ist die Größe der Weinrebe, die die Späher aus dem Land mitbrachten. Die Abbildung davon ist legendär. In diesem Zusammenhang wird auch die Überquerung des Jordans erwähnt, wie sie im Buch Jehoschua beschrieben ist.

Kurz darauf berichtet der Talmud, dass Rabbi Jehuda sprach: »Abba Chalafta und Rabbi Elieser ben Matja und Chananja ben Chakhinai standen (später) an diesen Steinen, und sie schätzten jeden auf ein Gewicht von 40 Sea.«

Nun sagt der Talmud: »Es wurde gelernt, dass ein Mensch nur ein Drittel von dem, was er tragen kann, auf die Schulter heben kann.« Wie groß die Weintraube war, könne man also daraus errechnen, dass zwei Stangen zum Einsatz gekommen sind. Zwei Stangen mit jeweils zwei Trägern. Die Rechnung lautet also: Ein Mann kann 120 Sea tragen. Vier Männer waren notwendig. Sie haben gemeinsam 480 Sea getragen (wobei es noch andere Rechnungen gibt).

So schwer war die Traube, welche die Späher aus dem Land mitbrachten. In Rabbiner Jakob Sterns Sammlung Lichtstrahlen aus dem Talmud (Leipzig 1900) wurde daraus: »Zwei können dreimal so viel tragen wie einer.« Offenbar wurde das mit dem Drittel falsch verstanden und dann weitergegeben. Oder es handelt sich um eine Vermischung mit Informationen, die Rabbiner Stern aus dem Midrasch kannte.

Denn dieser sagt mit Blick auf den Talmud, dass ein Stein 40 Sea gewogen habe (Bamidbar Rabba 16,14). Dann fährt der Midrasch fort: »Wenn jemand ein Gewicht allein hebt, dann schafft er ein Sea. Wird ihm etwas aufgeladen, dann kann er zwei Sea tragen. Wenn er zwei Sea hebt, kann er mit jemand anderem drei Sea tragen.«

Aus Rabbiner Sterns Buch scheint das Zitat auch in die USA gelangt zu sein. Denn in einer ähnlichen Sammlung in englischer Sprache erscheint das Zitat ebenfalls. Von dort wird es vermutlich weiterhin übernommen werden.

Es ist also weiterhin angeraten, sich die Quelle einer Information genau anzuschauen. Das haben schon die Rabbinen des Talmuds vorgemacht, und spätere Generationen haben dies beibehalten. Aus gutem Grund!

Niwul Peh

Kommen wir zu »*Niwul Peh* – anstößiger Sprache«:
Es kann sein, dass einige von uns den Eindruck haben,
herabsetzende Bezeichnungen (»der ist ein A…«),
Schimpfwörter oder die besondere Kenntnis von Syn-
onymen für primäre oder sekundäre Geschlechtsorgane
erweckten den Eindruck, man sei irgendwie jung, un-
konventionell oder locker (oder sonst irgendwie gut
drauf). Es soll der Eindruck erweckt werden, man sei
»unkompliziert«. Für observante Jüdinnen und Juden
hingegen klingt diese Annahme eher *cringe*.

Werfen wir einen Blick in die überlieferten Texte,
dann ist die Botschaft: Wenn wir es ernst meinen mit
dem Judentum, dann wählen wir diese Mittel nicht. Und
eine Enttäuschung vorweg: Dieses Kapitel beinhaltet
keine anschaulichen Beispiele. Die Leserinnen und Leser haben mit Sicherheit ausreichend Phantasie.

In der Torah heißt es (Wajikra 19,2) »*Kedoschim
tihju* – seid heilig.« Das klingt etwas »allgemein« und
wirft ganz klar die Frage auf, wie das gemeint sein könnte. Der Midrasch *Sifra* erklärt zu dieser Stelle, dass das
hebräische Wort *kadosch* zwar üblicherweise mit »heilig« übersetzt wird, aber genau genommen »verschie-
den« oder »getrennt« bedeute. Somit meint dieses
Gebot: »Sondert Euch ab.« Gemeint sein könnte tatsächlich eine vulgäre Sprache, aber auch anderes vul-
gäres Verhalten. Nachmanides (der Ramban) erklärt in
seinem Kommentar zu unserer Torahstelle, während

111

die Torah einerseits verschiedene Verhaltensweisen und Speisen verbietet, erlaubt sie andererseits die Intimität zwischen Ehemann und Ehefrau und den Konsum von koscherem Fleisch und Wein. So kann es einen Vielfraß geben, der nur koscheres Essen isst; einen Trunkenbold, der nur koscheren Wein trinkt; und einen verheirateten Mann, dessen Verhalten mit seiner Frau unzüchtig ist, obwohl sie eigentlich für ihn erlaubt ist. Oder es kann eine Person geben, die in einer ekelhaften Weise spricht – was in der Torah nicht ausdrücklich verboten ist. Nachmanides schreibt, eine solche Person könne »ekelhaft mit der Erlaubnis der Tora« sein. Es ist also nicht ausreichend, den Regeln (*Mitzwot*) wie ein Roboter zu folgen und genau den Bereich auszuloten, der gerade noch erlaubt ist. Der Lebenswandel sollte klar erkennen lassen, dass man tatsächlich den Menschen zugewandt ist.

Es ist heute allgemein bekannt, dass die Art und Weise, wie man sich nach außen verhält, auch das Innere beeinflusst. In zahlreichen Workshops zur kollegialen Kommunikation wird angeraten, am Telefon zu lächeln, auch wenn die Gesprächspartnerin, oder der Gesprächspartner nicht in der Lage ist, das Gesicht zu sehen. Dies habe auch Einfluss auf die Stimme und die allgemeine Befindlichkeit. Hier ist es ähnlich.

Der Talmud (Ketubot 8b) äußert sich ziemlich klar zu vulgärer Sprache:

> Jeder weiß, wozu eine Braut unter den Baldachin kommt, wer aber seinen Mund beschmutzt und Schändliches aus seinem Munde hervorbringt, dem wird, auch wenn ihm siebzig Jahre

des Glückes besiegelt worden sind, es zum Bösen verwandelt.

Falls es nicht klar geworden ist: Der nächste Schritt der Hochzeit wäre ihr »Vollzug« (blumigere Worte wird es an dieser Stelle nicht geben). Alle wissen hoffentlich, was das bedeutet, aber niemand sollte es aussprechen. Das meint der Talmud an dieser Stelle.

In der Torah heißt es (Dewarim 23,15): »*Lo jireh becha erwat dawar* – Es soll nichts Unanständiges von euch gesehen werden.« Rabbi Schmuel bar Nachmani verändert im Midrasch Wajikra Rabbah (24,7) die Worte und sagt »*erwat dibur*« statt »*erwat dawar*«. Der Vers würde nun lauten »Es soll keine ungebührliche Aussage zwischen euch gesehen werden«, gemeint ist das Fluchen.

Der Talmud (Schabbat 33a) hat auch die »obszöne« Rede im Blick. Wegen dieser, würden junge Männer sogar sterben:

> Wegen der Sünde obszöner Reden mehren sich die Leiden, harte Verhängnisse werden erneuert, die Jünglinge der Feinde Jisraels (das wiederum ist ein Euphemismus für die jungen Männer Israels) sterben, Waisen und Witwen schreien und werden nicht erhört. Denn es heißt: Darum freut sich der Herr nicht seiner Jünglinge, und seiner Waisen und Witwen erbarmt er sich nicht; denn sie alle sind Ruchlose und Bösewichter, und jeder Mund redet Schändliches. Bei alledem wandte sich sein Zorn nicht, und blieb seine Hand noch ausgestreckt.

1738 entstand in Amsterdam das Werk »*Mesillat Jescharim* – Pfad der Aufrechten« von Rabbiner Mosche Chajm Luzzatto (1707–1746). Im elften Kapitel (41 – 59) beschäftigt sich Rabbiner Luzzatto auch mit unserem Thema und hat uns eine kleine Zitatesammlung zusammengetragen. Sie ist zeitlos:

> Außerdem, was die Sache mit der Unzüchtigkeit des Mundes und des Ohres betrifft, nämlich unzüchtige Worte zu sprechen oder zu hören, haben unsere Weisen bereits »wie Kraniche geschrien«, indem sie (über den Vers) sagten: »Es soll nichts Unanständiges (*Erwa*) unter euch gesehen werden« (Dewarim 23,15) – dies bezieht sich auf die Unzüchtigkeit der Rede (wie es im Talmud Jeruschalmi Teruma 16 heißt).

> Sie sagten weiter (Schabbat 33a): »Durch die Sünde der unzüchtigen Rede entstehen neue Unruhen, und die jungen Männer Israels sterben« (Jeschajahu 9,16).

> Und »wer auch immer obszöne Sprache äußert, für den wird *Gehinom* tief gemacht (wie es heißt: Eine tiefe Grube ist für den Mund, der Abartiges spricht)« (Mischlej 22,14)

> Sie sagten weiter: »Sogar das leichte Gespräch zwischen einem Mann und seiner Frau wird einem Menschen zur Zeit seines Urteils verkündet« (Chagigah 5b).

> Und bezüglich des Zuhörens von Obszönitäten wird ebenfalls gelehrt: Auch wer zuhört und

schweigt, wie geschrieben steht: »(Der Mund fremder Frauen ist wie eine tiefe Grube;) der von G!tt Verabscheute wird in diese Grube fallen« (Schabbat 33a).

Dies zeigt dir, dass alle Sinne von Unzüchtigkeit und allem, was damit zusammenhängt, gereinigt werden müssen.

Wenn ein Mensch dir gegenüber töricht behaupten wird: »Das, was die Weisen über die obszöne Sprache gesagt haben, ist nur dazu da, den Menschen zu erschrecken und von der Sünde abzubringen, und es ist nur für denjenigen gedacht, dessen Blut kocht, nämlich, wenn er von diesen Dingen spricht, wird er zur Lust erregt. Wer es aber nur im Scherz sagt, für den ist es unbedeutend und ohne Belang.« Antworte ihm, dass seine Worte die der bösen Neigung sind. Denn die Weisen brachten ihre Beweise aus einem eindeutigen Vers in der Schrift: »Zur Strafe für Obszönität mehren sich die Unruhen, grausame Verordnungen werden von neuem verkündet, die Jugend Israels stirbt ... denn jeder ist ein Schmeichler und Verleumder, und jeder Mund spricht Obszönitäten« (Jeschajahu 9,16). Dieser Vers erwähnt weder Götzenanbetung noch unerlaubte Beziehungen oder Mord, sondern Schmeichelei, Verleumdung und obszöne Rede. All das sind Sünden des Mundes in der Rede. Und über diese erging der Erlass: »Die Jünglinge Israels sterben, und die Waisen und Witwen schreien und werden nicht erhört

… Er wird sich nicht erbarmen.« Die Wahrheit ist vielmehr, wie die Worte unserer Weisen, seligen Angedenkens, dass das Aussprechen obszöner Worte in der Tat Unzüchtigkeit der Sprache ist. Es ist ein Aspekt der Unzüchtigkeit und fällt unter das gleiche Verbot wie alle anderen Dinge der Unzüchtigkeit, außer dem eigentlichen Akt der unerlaubten Beziehungen. Auch wenn sie nicht die himmlische Strafe von *Karet* (Abschneiden der Seele) oder den Tod durch ein *Bejt Din* (gemeint ist eine Verurteilung) nach sich zieht (wie es etwa bei unerlaubten Beziehungen sein könnte), sind sie dennoch an und für sich verboten. Dies ist abgesehen davon, dass sie Dinge sind, die zu dem primären Verbot selbst führen und es anziehen. […]

Hängen wir, trotz der ergiebigen Sammlung von abbiner Mosche Chajm Luzzatto noch ein Zitat aus Berachot (10a) an. Rabbiner Meir fragt sich, ob er »zurückfluchen« darf. Seine Frau hilft ihm bei der Entscheidung:

Rabbi Meir hatte böse Nachbarn, die ihn fortwährend kränkten, er wollte ihnen fluchen. Daran hinderte ihn seine Frau Berurja mit den Worten: Es heißt »Die Sünden mögen vertilgt werden vom Boden« (Tehillim 104,35) – die Sünden, aber nicht die Sünder.

Was ist mit positiven Beispielen? Reicht es vielleicht aus, nicht negativ zu kommunizieren? Also »neutral« (wie auch immer das funktionieren soll). Die Torah selber gibt uns, laut Pessachim 3a, ein positives Beispiel:

Nie bringe man einen unpassenden Ausdruck

> aus dem Munde; so machte auch die Schrift
> eine Umschreibung von acht Buchstaben, nur
> um keinen unpassenden Ausdruck (aus dem
> Munde) hervorzubringen, denn es heißt: (Be-
> reschit 7,8) vom Vieh, das rein ist, und vom
> Vieh, das nicht rein ist.

Anstatt ein Wort (*tamei* - »unrein«) zu verwenden,
macht sich die Torah die Mühe, drei Wörter zu verwenden (*ascher lo tahorah hi* - »die nicht rein sind«), wobei
sie acht Buchstaben mehr verwendet. Warum? Um die
Verwendung des Wortes »unrein« zu vermeiden.

> In der Schule R. Jischmaels wurde gelehrt:
> Stets führe der Mensch eine euphemistische
> Sprache; so gebraucht auch (die Torah) bei
> einem flussbehafteten Manne (den Ausdruck)
> »reiten« und bei der flussbehafteten Frau (den
> Ausdruck) »sitzen«. Weiter heißt es: (Ijow
> 15,5) du wähltest eine schlaue Sprache. Ferner
> heißt es: (Ijow 33,3) was meine Lippen wissen,
> sprechen sie lauter aus.

Beide Texte aus Ijow (Hiob) werden gebracht, um zu
zeigen, dass man nicht nur in heiligen Angelegenheiten,
sondern zu jeder Zeit mit Würde und feiner Sprache
sprechen sollte – ohne Fluchen oder grobe Worte. Auch
wenn es ein wenig länger dauert oder mehr Mühe erfordert.

Im Midrasch wird die Beleidigung einer anderen
Person noch etwas weiter gefasst – weil der Mensch
nach G!ttes Ebenbild erschaffen wurde:

> Es heißt »Dies ist das Buch der Geschichte des
> Menschen: in G!ttes Ebenbild hat er ihn ge-

macht.« (Bereschit 5,1) Ben Asaj lehrte: Das ist ein wichtiger Grundsatz in der Torah, dass Du nicht sagst, jemand hat mich beschimpft, als soll mein Nächster auch beschimpft werden – da man mir gegenüber geflucht hat, soll auch meinem Nächsten geflucht werden. Rabbi Tanchuma fügte hinzu: Wenn du so handelst, so wisse, wen du beschimpfst – in G!ttes Ebenbild hat er ihn gemacht. – Bereschit rabbah 24

Wir schließen mit einem Zitat aus dem »Iggeret Ha-Ramban«, dem Brief des Ramban (Nachmanides) an seinen Sohn, dieses Kapitel. Seine Aufforderung könnte kaum aktueller sein: Zügele Deine Wut!

Gewöhne Dir an, alle deine Worte immer ruhig zu sprechen, zu jedem Menschen und zu jeder Zeit. Damit verhinderst du, dass dein Zorn aufflammt, der eine schlechte Eigenschaft des Menschen ist, die ihn zur Sünde verleiten kann. Und entsprechend sprachen unsere Rabbiner, möge ihr Andenken ein Segen sein: (Nedarim 22a) »Jeder, der zornig wird - ganz *Gehinnom* hat Macht über ihn, wie es heißt: (Kohelet 11,10) »Und nimm den Zorn aus deinem Herzen und nimm das Böse aus deinem Fleisch«, und *böse* kann nur Gehinnom bedeuten, wie es (Mischlej 16,4) heißt: »Und der Sünder, auch er wird seinen Tag des Bösen haben.«

Wenn du dich vom Zorn befreit hast, wird Demut in dein Herz einziehen, das ist die beste aller guten Eigenschaften, wie geschrieben steht (Mischlej 22,4): »Die Gegenleistung für Demut ist Furcht vor G!tt.«

Es bleibt die Bitte, entsprechende Worte einfach zu vermeiden.

Ona'at Dewarim – verbale Demütigung

Mit »*Niwul Peh*« ging es darum, mit einer angemessenen Sprache zu kommunizieren. Mit »*Ona'at Dewarim*« wird es darum gehen, andere nicht zu demütigen, oder ihnen Unrecht zu tun. Davor warnt schon die Torah:

> Tut einander nicht Unrecht, sondern fürchtet euren G!tt; denn ich, HaSchem bin euer G!tt.
> – Wajikra 25,17

Raschi kommentiert hierzu:

> Hier warnt die Schrift davor, durch Worte zu ärgern (die Gefühle eines Menschen zu verletzen) - auf dass man seinen Mitmenschen nicht ärgern und ihm keinen Rat geben soll, der für ihn unpassend ist, sondern (eigentlich) dem Plan und dem Vorteil des Beraters entspricht. Damit du aber nicht sagst: »Wer weiß, ob ich nicht die Absicht hatte, ihm etwas Böses zu tun?« – heißt es in der Schrift: »Du aber sollst deinen G!tt fürchten«! - Er, der die Gedanken der Menschen kennt, Er weiß es! In allen Fällen, in denen es sich um eine, dem Herzen übergebene, Angelegenheit handelt, in der niemand die Wahrheit kennt, außer demjenigen, der den Gedanken im Herzen hat, sagt die Schrift immer: »fürchte dich aber vor deinem G!tt!«

Rabbejnu Bachja wiederum kommentiert das ebenfalls:

> Der »Betrug/Übervorteilung«, auf die in diesem Vers Bezug genommen wird, heißt »*Ona'at Dewarim* – Verletzung mit Worten«. Beispiele dafür sind: absichtlich schlechte Ratschläge zu erteilen; seinen Mitmenschen zu ärgern und zu provozieren, dass er wütend wird. In Bawa Metzia (59a) heißt es, dass »alle Tore geschlossen sind, außer dem Tor von *Ona'ah*, das bedeutet, die Überwachung durch das wachsame Auge G!ttes, wenn jemand dieser Sünde schuldig ist. Der Grund dafür ist, dass das Opfer solcher Provokationen sich immer wieder aufregt und zu G!tt betet, ihn von solchen verbalen Verfolgungen zu befreien. Dies hat zur Folge, dass G!tt rund um die Uhr in solche Angelegenheiten verwickelt ist. Falls sich der Schuldige, der sich einer anders interpretierbaren Sprache bedient hat, damit tröstet, dass seine Absicht, seinem Opfer Qualen zu bereiten, nicht bewiesen werden konnte, erinnert ihn die Torah daran: »Und fürchte deinen G!tt«, das bedeutet: Er weiß es (sowieso).

Die Mischna sagt (Bawa Metzia 4,10):

> So wie es Betrug beim Handel gibt, so gibt es auch Betrug mit Worten. Man sollte nicht zu sagen: »Was kostet dieser Gegenstand?«, wenn man ihn gar nicht kaufen möchte. Wenn man jemanden trifft, der Buße getan hat, sollte man nicht zu ihm sagen: »Erinnere dich an deine früheren Taten.« Wenn jemand das Kind von

> Übergetretenen ist, sollte man nicht zu ihm sagen: »Erinnere dich an die Taten deiner Vorfahren.« Wie geschrieben steht (Schemot 22,20): »Du sollst einen Fremden nicht betrügen und ihn nicht unterdrücken.«

Ein Midrasch (Bereschit rabbah 24) ge117zurück zur Schöpfungsgeschichte und verweist darauf, dass der Mensch nach G!ttes Ebenbild geschaffen wurde. Siehe Seite Seite 117.

Im Talmud werden dazu Geschichten erzählt. Zunächst diese kurze Begebenheit (Megilla 28a):

> Schüler fragten Rabbi Nechunja ben Rana: Wodurch hast du dein Leben verlängert? Er erwiderte: Niemals wollte ich durch die Herabwürdigung meines Mitmenschen Ehre erlangen, und niemals ging ich zu Bett mit einem Fluch gegen meine Mitmenschen

Dann diese etwas längere Geschichte von Resch Lakisch. Resch Lakisch war vor seiner Karriere als Weiser des Talmud ein Räuber, wir lesen nun eine Szene die während dieser Zeit spielt (Bawa Metzia 84a):

Eines Tages badete R. Jochanan im Jarden; da bemerkte ihn Resch Lakisch und sprang ihm in den Jarden nach. Da sprach jener: Deine Kraft für die Gesetzeskunde. Dieser erwiderte: Deine Schönheit für Frauen. Jener entgegnete: Wenn du Buße tust, gebe ich dir meine Schwester, die schöner ist als ich. Da nahm er es an. Als er dann zurückwollte, um seine Kleider zu holen, vermochte er es nicht mehr. Hierauf unterrichtete er ihn in der Schrift und in der Mischna und machte ihn zu einem bedeutenden Mann.

Resch Lakisch wird also von R. Jochanan auf den richtigen Weg gebracht. Sie bleiben zusammen. Dann, einige Zeit später:

> Eines Tages stritten sie im Lehrhaus: Ein Schwert, ein Messer, ein Dolch, eine Lanze, eine Handsichel und eine Erntesichel werden verunreinigungsfähig, sobald sie vollständig fertig sind; wann sind sie vollständig fertig? R. Jochanan sagte, sobald man sie im Ofen gebrannt hat, und Resch Lakisch sagte, sobald man sie im Wasser gehärtet hat. Da sprach jener: Ein Räuber kennt sein Räuberwerkzeug.

Resch Lakisch wird also von Rabbi Jochanan an seine Vergangenheit erinnert. Dementsprechend wendet sich nun Resch Lakisch an Rabbi Jochanan. Wozu sollte er ihn in der Torah ausgebildet haben, wenn er in ihm sowieso nur den Räuber sieht?

> Hierauf sprach dieser: Was nütztest du mir; dort nannte man mich Meister (der Räuber), hier nennt man mich ebenfalls Meister (der Räuber). Jener erwiderte: Ich habe dir genützt, indem ich dich unter die Fittiche der Göttlichkeit gebracht habe.

Aber die Geschichte geht noch etwas weiter:

Rabbi Jochanan wurde sehr wütend, und Resch Lakisch wurde schwach. Die Schwester von Resch Lakisch kam und weinte, und sie sagte zu Rabbi Jochanan: »Bete doch um meiner Söhne willen!«

Rabbi Jochanan antwortet mit einem Zitat aus Jirmejahu (49,11):

> »Lass deine Waisen, ich will sie versorgen.«

Das Ende ist nicht besonders lustig:

> Rabbi Schimon Ben Lakisch starb, und Rabbi Jochanan trauerte sehr um ihn. Er ging hinaus, zerriss seine Kleider und weinte und sagte: »Wo bist du Bar Lakischa Wo bist du, Bar Lakisha?« Und er schrie, bis ihn der Verstand verließ. Die Rabbiner baten um Gnade für ihn, und er starb.

Eine weitere Stelle aus dem Talmud (Bawa Metzia 58b) beschäftigt sich mit der konkreten Auswirkung und der Tatsache, dass man den Schaden nahezu nicht bemessen kann – basierend auf einem Zitat, das wir schon kennengelernt haben:

> Rabbi Jochanan lehrte im Namen des Rabbi Schimon ben Jochai: Kränkung durch Worte ist schlimmer als Übervorteilung in Geldangelegenheiten; nur bei jenem heißt es (Wajikra 25,17): »Du sollst dich vor deinem G!tt fürchten« nicht bei diesem. Rabbi Eleasar fügte hinzu: Jenes betrifft die Person, dieses das Vermögen. Rabbi Schmuel ben Nachmani fügte hinzu: Dort ist der Schaden unberechenbar, hier berechenbar.

Und kann man das, was man gesagt hat, durch eine Geldstrafe wieder sühnen? Im Talmud heißt es (Bawa

Kamma 92a):

> Wenn man auch (für eine dem Mitmenschen zugefügte Beleidigung) die vorgeschriebene Geldstrafe erlegt, so ist damit das Unrecht noch nicht gesühnt, solange man nicht den Beleidigten um Verzeihung gebeten hat. Unsere Lehrer haben gelehrt: Alle diese Bestimmungen betreffen eine Entschädigung für die Beschämung. Die Kränkung aber wird einem, auch wenn er alle nabatäischen Widder der Welt bringt, nicht verziehen, solange er nicht den Beleidigten um Verzeihung bittet.

Wie im vorherigen Kapitel, werfen wir auch hier einen Blick in das elfte Kapitel von Rabbiner Luzzattos Messilat Jescharim (64-66):

> Worte die verletzen: Zur Sünde der Unterdrückung durch Rede (*Ona'at dewarim*) gehört es, zu jemandem unter vier Augen etwas zu sagen, was ihn beschämen könnte. Umso mehr, etwas Explizites zu sagen, das ihm Schande bereitet, oder ihm eine Handlung zuzufügen, die ihm Schande bereitet.

> Dies ist es, was unsere Weisen sagten: »Wenn er ein *Baal Teschuwa* (Büßer) wäre, sage nicht zu ihm: Erinnere dich an deine früheren Taten...«, wenn ihn Krankheit befällt, sage nicht zu ihm, wie die Freunde Ijows sagten: »Erinnere dich doch bitte, wer jemals unschuldig umgekommen ist!« (Ijow 4,7). Wenn reisende Kaufleute dich nach Getreide fragen, sage ihnen nicht: Geh zu diesem und jenem, der Ge-

> treide verkauft, und du weißt, dass er nie in sei-
> nem Leben Getreide verkauft hat (Bawa Metzia
> 58b).

Sehr viel später äußert sich auch Samson Raphael Hirsch zu unserem Thema (Chorew 51, 380):

> Vor allem wiederum wachet darüber in eurem
> Umgange mit Unglücklichen, Abhängigen, Ar-
> men, Dienern; doppelt fühlen sie jeden leisen
> Anflug von Hohn, ja, ihr gereiztes Gemüt fühlt
> oft Stachel, wo ihr gar keinen vermutet; und
> vor allem ein weibliches Gemüt! Gedenket
> der Aussprüche der Weisen, die, nachdem sie,
> dem *Ona'ah* Kränkungs-Verbot entsprechend,
> jegliches Necken, Täuschen, Verlegenmachen,
> Sticheln, Spotten, Witzeln und Ekelbenennen,
> als verboten aufführen, hinzufügen: Schwerer
> noch als Beeinträchtigung im Handel usw. ist
> die Kränkung im Worte. Jene trifft nur Vermö-
> gen, diese den ganzen Menschen; jenes kann
> wieder gut gemacht werden, diese kann es
> nicht, und die Träne, die ein Gekränkter weint,
> findet leicht Stätte vor dem Thron des Allrich-
> ters.

Die Botschaft dahinter sollte klar sein.

Wie auch bei *Laschon hara* ist es nicht ausreichend, dabei zuzuschauen, wie andere das machen. Schaut man zu, beteiligt man sich.

Halbanat Panim

Halbanat Panim - das »Blassen des Gesichts«. Hiermit
ist der Verlust der persönlichen Würde gemeint.

Der Verlust der persönlichen Würde durch andere
wird in der halachischen Literatur als schweres Unrecht
betrachtet – gleichbedeutend mit Mord.

In der Torah heißt es (Wajikra 19,17):

> »Du sollst deinen Bruder nicht hassen in dei-
> nem Herzen; zur Rede stellen sollst du deinen
> Nächsten, dass du nicht seinetwegen Sünden
> tragest.«

Dazu schreibt Raschi:

> …obwohl du ihn tadelst, sollst du ihn nicht in
> der Öffentlichkeit der Schande aussetzen (oder
> wörtlich: sein Gesicht blass werden lassen),
> denn in diesem Fall würdest du wegen ihm Sün-
> de tragen.

Und das Verblassen des Gesichts? In der Mischna Awot
– den Sprüchen der Väter heißt es (3,11):

> Rabbi Eleazar aus Mode'in sagte: Wer das Hei-
> lige entheiligt, die Festtage verachtet, seinen
> Freund öffentlich beschämt, den Bund unseres
> Vaters Abraham bricht und das Gesetz frech be-
> handelt, hätte er auch gute Werke getan, der hat
> keinen Teil an der künftigen Welt.

Der Satzteil »der seinen Nächsten öffentlich beschämt«
liest sich im Hebräischen Original so: »*WeHamalbin*

pnej chawero baRabim«. Das Wort *haMalbin* bedeutet tatsächlich: »das Gesicht von jemandem weiß werden lassen.« Der Talmud beschreibt diesen Prozess im Detail (Bawa Metzia 58a): »die rote Gesichtsfarbe verlässt die Person und ihr Gesicht wird weiß.« Es geht also um die körperliche Reaktion dessen, der öffentlich gedemütigt wird.

Im Talmud (Bawa Metzia 58b) wird berichtet:

> Ein Tanna lehrte vor Rabbi Nachman bar Jitzchak: Wenn jemand seinen Nächsten öffentlich beschämt, so ist es, als würde er Blut vergießen. Dieser sprach (also Rabbi Nachman): Du hast Recht; wir sehen auch, wie die Röte schwindet und die Blässe kommt. Abajje sprach zu R. Dimi: Wovor nehmen sie sich im Westen (im Land Israel) in Acht?

> Dieser erwiderte: Vor der Beschämung [anderer], R. Chanina sagte nämlich: Alle steigen ins Fegefeuer hinab, ausgenommen drei. – »Alle«, wie kommst du darauf!? – Vielmehr, alle, die ins Fegefeuer hinabsteigen, kommen zurück herauf, ausgenommen sind drei Gruppen, die hinabsteigen und nicht mehr heraufkommen. Folgende sind es nämlich: wer eine verheiratete Frau beschläft, wer seinen Nächsten öffentlich beschämt, und wer seinen Nächsten beim Spottnamen nennt. – Das Nennen beim Spottnamen gehört ja zur Beschämung!? – Auch in dem Falle, wenn er daran schon gewöhnt ist.

Und hier werde anschließend Prioritäten gesetzt! Weiter heißt es dann:

> Rabba bar Bar Chana sagte im Namen Rabbi
> Jochanans: Lieber beschlafe man eine zweifel-
> haft verheiratete Frau, als seinen Nächsten öf-
> fentlich beschämen.

Maimonides (Hilchot Hovel Umazik 3,7):

> Obwohl die Person, die Menschen verbal belei-
> digt, von der Zahlung einer Entschädigung be-
> freit ist, ist es eine schwere Sünde. Nur ein böser
> Narr beschimpft und beleidigt Menschen. Die
> alten Weisen erklärten: Jeder, der einen würdi-
> gen Juden in der Öffentlichkeit beschämt, hat
> keinen Anteil an der kommenden Welt.

In *Orchot Tzadikim* heißt es (26,110):

> Wer seinen Gefährten beschämt, soll vierzig
> Tage oder länger fasten. Er soll jeden Tag aus-
> gepeitscht werden und er soll sein Unrecht
> bekennen alle Tage seines Lebens. Wer seinen
> Gefährten mit einem abfälligen Spitznamen be-
> schimpft, soll ihn in Gegenwart vieler um Ver-
> zeihung bitten, und er soll vierzig Tage fasten
> und jeden Tag heimlich gestehen.

Sefer haChinuch (240, 2ff):

> Die Wurzel dieser Mitzwah ist bekannt — da
> Verlegenheit sehr schmerzhaft für alle Geschöp-
> fe ist — gibt es nichts Größeres als sie. Deshalb
> hat G!tt verhindert, dass wir Seinen Geschöp-
> fen viel Schmerz zufügen, da es möglich ist, sie
> im Privaten zurechtzuweisen und den Sünder
> nicht so sehr in Verlegenheit zu bringen. Von
> den Gesetzen der Mitzwah ist das, was die Wei-

131

sen, möge ihr Andenken gesegnet sein, sagten (Joma 86b), dass wir nicht vor allen Dingen so gewarnt wurden, sondern vor Dingen zwischen einem Menschen und seinem Gefährten.

Wieder schauen wir in den *Chofetz Chajim* (Einführung in die Halachot des Verbots von Laschon Hara und Rechilut, negative Gebote 13 – 16):

Und oft wird ein anderes negatives Gebot übertreten. Denn sehr oft wird der Freund wegen seiner früheren Taten, wegen einer Familieneigenschaft, wegen seiner geringen Gelehrsamkeit oder wegen seiner [vielleicht nicht sehr guten] Arbeit herabgewürdigt, jeder nach seiner Lage, und es werden Dinge zu ihm gesagt, die ihn erzürnen und verwirren und gegen die er keine Verteidigung hat. Selbst wenn dies zwischen den beiden allein geschah [und niemand sonst anwesend war], hat der Sprecher Unrecht getan (Wajikra 25,17): »Und du sollst nicht Unrecht tun: ein Mensch seinem Nächsten«, was sich auf verbales Unrecht bezieht (vgl. die Stelle, die uns bereits bekannt ist Bawa Metzia 58b). Wie viel mehr, wenn dies in der Gesellschaft von anderen geschah! Es zeigt sich also, dass, wenn man seinen Freund sowohl durch *Rechilut* als auch durch *Laschon hara* beleidigt, vor ihm allein oder vor anderen, abgesehen davon, dass er das negative Gebot von *Laschon hara* und *Rechilut* übertritt, wie oben erwähnt, übertritt er auch dieses negative Gebot.

Und wenn er einen anderen so erniedrigt, mit

solchen Worten und dergleichen, vor ihm und vor anderen, in dem Maße, dass sich sein Gesicht [vor Scham] verfärbt, so übertritt er auch (Wajikra 19,17): »...trage nicht die Sünde wegen ihm.« Die Torah ermahnt hiermit seine jüdischen Geschwister nicht zu beschämen, auch nicht um der Zurechtweisung willen und nicht zwischen ihm und dem anderen. Das heißt, nicht so scharf zu ihm zu sprechen, dass er ihn beschämt – wie viel mehr, wenn nicht um der Zurechtweisung willen und wenn er in Gegenwart anderer ist. Und all dies, wenn es nicht in der Öffentlichkeit stattfand, aber wenn er sein Gesicht in der Öffentlichkeit *weiß* hat werden lassen, haben *Chazal* ihn bereits von der kommenden Welt abgeschnitten, indem sie sagen (Bawa Metzia 59a): »Einer, der das Gesicht seines Freundes in der Öffentlichkeit weiß macht, hat keinen Anteil an der kommenden Welt.«

Und wenn der/die andere ein Waisenkind oder eine Witwe wäre, auch wenn sie wohlhabend wären, und er spräche erniedrigend vor ihnen, so verstößt er auch gegen ein Gebot (Schemot 22,21): »Jede Witwe und jede Waise sollst du nicht betrüben«, die Torah ermahnt hiermit, sie nicht zu verspotten oder ihr Herz mit irgendeiner Art von Kummer zu betrüben. Die Strafe dafür ist in der Torah eindeutig (Schemot 22,23): »Und mein Zorn wird brennen, und ich werde euch durch das Schwert töten, und eure Frauen werden zu Witwen und eure

Kinder zu Waisen.«[38]

Und manchmal übertritt er auch das Verbot der Schmeichelei, der für viele *Geonim*[39] ein absolutes negatives Gebot ist, (nämlich Bamidbar 35,33): »Und du sollst [den Menschen] im Lande nicht schmeicheln.« Das heißt, wenn seine Absicht beim Sprechen von *Laschon hara* und *Rechilut* darin besteht, dem Zuhörer zu schmeicheln, von dem er weiß, dass er Hass gegen denjenigen hegt, über den er spricht, um dadurch Gunst in seinen Augen zu finden – dann ist das eine ungeheuerliche Sünde. Ist es nicht genug, dass er die Mitzwa der Zurechtweisung (ein positives Gebot in der Tora) nicht erfüllt, um ihn für den Hass, den er seinem Freund entgegenbringt, zurechtzuweisen, dass er auch den Hass verstärkt, der bereits zwischen ihnen besteht!? Und durch ihn wird er immer mehr in seinem Unrecht verharren, so dass noch mehr Streit und Unrecht entstehen (G!tt bewahre)! Und wisse, dass diese [die folgende] Sünde weit verbreitet ist. Das heißt, wenn jemand herabsetzend über seinen Freund spricht, dann nickt der Zuhörer, obwohl er weiß, dass das Gesagte unbegründet ist, dennoch mit dem Kopf, und auch

---

38| Ja, die Torah weiß Missbilligung in klare und eindrückliche Worte zu fassen.

39| Geonim meint eigentlich die Vorsteher der beiden großen talmudischen Akademien von Sura und Pumbedita in Babylon, aber auch die geistigen Größen der jüdischen Gemeinschaft im frühen Mittelalter.

er »glättet« die Sache mit seiner Zunge, indem er einige Worte des Makels hinzufügt. Denn der Redner ist manchmal ein vermögender Mann oder dergleichen, von dem er Gunst empfängt oder von dem er befürchtet, dass er ihn für unklug hält oder dergleichen. Und deshalb wird der (negative) *Trieb* auch ihn dazu verleiten, dem zuzustimmen. Aber wisse, dass auch dies im Wesentlichen eine Übertretung des negativen Gebots der Schmeichelei ist – selbst wenn er nur ein paar Worte hinzufügt. Und in diesem Zusammenhang steht geschrieben (Mischlej 23,2): »Und setze ein Messer an deine Kehle, wenn du ein Mann des Geistes bist.« Und man muss sich eher Gefahr aussetzen, als seine Seele zu einer solchen Sünde zu bringen. Nach der Torah muss sich jeder Mensch unter solchen Umständen auf jeden Fall stärken, um den Redner nicht auch nur durch eine Bewegung zu unterstützen, die den Anschein erwecken würde, dass er mit dem, was er sagt, einverstanden ist. Und in diesem Zusammenhang können wir die Worte von *Chazal* (Edujot 5,6) verstehen: »Es ist besser, sein ganzes Leben lang ein Narr genannt zu werden, als auch nur einen Augenblick vor dem Allmächtigen böse zu sein.« Und das, selbst wenn er weiß, dass seine Worte der Zurechtweisung vom Sprecher nicht angenommen werden; denn sonst muss er ihn sicherlich auch dafür zurechtweisen.

Wie wahr ist dies in den sozialen Netzwerken? Spott

und Hass mit »Likes« versehen, um ebenfalls etwas Aufmerksamkeit zu erhalten oder Unterstützung zu zeigen?

Was folgt daraus? Andere nicht demütigen, nicht zulassen, dass andere gedemütigt werden.

Hoche'ach Toche'ach — Tadeln

> Zur Rede stellen sollst du deinen Nächsten (*hoche'ach toche'ach*), dass du nicht seinetwegen Sünden trägst. – Wajikra 19,17

Im Talmud wird erzählt:

> Wer die Möglichkeit hätte, gegen das sündige Verhalten der Mitglieder seines Haushalts zu protestieren und nicht protestiert hat, der wird selbst für die Sünden der Mitglieder seines Haushalts gefasst und bestraft. Wenn jemand in der Lage wäre, gegen das sündige Verhalten der Menschen in seiner Stadt zu protestieren und er es nicht tut, wird er für die Sünden der Menschen in seiner Stadt gefasst. Wenn jemand in der Lage wäre, gegen das sündige Verhalten der ganzen Welt zu protestieren, und er es nicht tut, wird er für die Sünden der ganzen Welt gefasst. Raw Pappa sagte: Und die Mitglieder des Haushalts des Exilarchen wurden für die Sünden der ganzen Welt gefasst und bestraft. Weil sich ihre Autorität über die gesamte jüdische Welt erstreckt, liegt es in ihren Händen, dafür zu sorgen, dass niemand eine Übertretung begeht. – Schabbat 54b

Hier geht es um die Verpflichtung, soziales Verhalten zu kritisieren, wenn man sieht, dass die Gesellschaft oder

Einzelne gravierende Fehler machen. Diese Kritik wird, wie wir gleich sehen werden, als Ausdruck der Fürsorge für andere angesehen.

Aber Augenblick! Ist denn nicht das Verhalten anderer, also Dritter, nicht Privatangelegenheit? Werfen wir einen Blick auf eine, möglicherweise verstörende Stelle in der Torah, die jedoch jeden betrifft, auch heute.

> »Wer von euren Nachkommen sich den Heiligtümern, die die Kinder Israels Raschem weihen, naht, während er unrein ist, der soll vor meinem Angesicht hinweggetilgt werden«
> – Wajikra 22,3.

Mit anderen Worten: Die Priester, die für das gesamte Volk den Dienst im Tempel verrichteten, durften diesen nicht verrichten, solange sie rituell unrein waren. Doch wer wusste, ob der Priester sich verunreinigt hatte oder nicht? Nur G!tt und der Priester konnten dies wissen. Bewegte sich der Priester im öffentlichen Bereich, dann war dieser Status etwas, was wir heute unter dem Begriff »Privatsache« verbuchen würden. Niemand weiß es. Wenn der Priester »sich dem Heiligtum naht«, wie es der Abschnitt formuliert, dann können die Beobachter davon ausgehen, dass er sich im Zustand ritueller Reinheit befindet. Es ist also nicht seine Privatangelegenheit, denn er tut den Dienst zum einen vor G!tt und zum anderen für das gesamte Volk. Das ist die verstörende Botschaft dieser Zeilen: Es gibt im Judentum kein Konzept von »Privatleben«. Nichts, was ein Mensch tut, betrifft nur ihn allein. Jede Lebensäußerung unterliegt der Halacha. Mit dem Schöpfungsbericht zu Beginn der Torah wird klargestellt: Es ist G!ttes Schöpfung, in der wir uns bewegen. Deutlich zu erkennen ist dies bei den Mizwot, die das Zusammenleben betreffen, aber auch dort, wo es um die Nahrungsaufnahme oder die Privatangelegenheit par excellence, die Sexualität, geht. Heute gilt verbreitet die Haltung, es wäre besser, wenn sich jeder um seine eigene Sache kümmere. In den Pirkej Awot, den Sprüchen der Väter, wird diese Haltung auch als Charakterzug der Durchschnittsbevölkerung beobachtet:

> »Wer spricht, was mir gehört, ist mein, und was dir gehört, ist dein, dies ist ein durchschnittlicher Charakter; jedoch meinen manche, dies sei die Einstellung der Menschen von Sedom[40]«.

> – Pirkej Awot 5,13

Sedom – eine Stadt, die für ihre Sündhaftigkeit sprichwörtlich geworden ist.

Ein weiteres Beispiel ist der Nachdruck, mit der unsere Tradition auf dem gemeinsamen Gebet besteht. Man kann für sich selbst beten, aber eigentlich ist es keine Privatangelegenheit. Man muss mindestens zehn volljährige Juden versammelt haben, um wirklich alle Teile des Gebets verrichten zu können. Niemand weiß, was ich hinter verschlossenen Türen tue, niemand weiß, was dem Priester hinter geschlossenen Türen geschieht. Der Talmud (Berachot 28b) erzählt von Rabbi Jochanan ben Sakkai: Er war krank, und seine Schüler besuchten ihn. Sie baten ihn darum, von ihm gesegnet zu werden. Er sprach daraufhin zu ihnen: »Möge es Sein Wille sein, dass für euch die Furcht vor dem Himmel ebenso groß ist wie die Furcht vor Fleisch und Blut.« Das irritierte seine Schüler: »Nur ebenso groß?« Da

---

40| Die hebräische Bezeichnung von Sodom.

antwortete Jochanan ben Sakkai ihnen: »Wenn sie nur ebenso groß wäre! Ihr wisst, dass ein Mensch, wenn er eine Sünde begeht, sagt: ›Niemand wird mich sehen‹.«

Das Phänomen ist also menschlich und nur allzu bekannt. Genau deshalb legt die Torah so großen Wert darauf zu zeigen, dass es keine Angelegenheiten gibt, die man mit sich selbst ausmachen kann. Schon gar nicht für die Priester. Und die Torah versetzt uns einen weiteren Hieb: Auch Ritus und Ethik des Judentums sind nicht voneinander getrennt. So findet sich inmitten der Verordnungen über die Opfertiere in Vers 22,28 die Aufforderung, verantwortlich mit Tieren umzugehen: »Ein Rind oder Schaf dürft ihr nicht zusammen mit seinen Jungen an einem Tag schlachten.« Wenig später, wenn es um Kalenderdetails geht, werden wir dazu angehalten (23,22), die Ecken des Feldes nicht abzuernten und keine Nachlese zu halten, damit auch die Armen eine Möglichkeit haben etwas aufzusammeln. Für die heutige Zeit würde das etwa bedeuten: Man kann nicht in der Synagoge peinlichst auf die Einhaltung aller möglichen Regelungen pochen und in den eigenen vier Wänden oder im Berufsleben alle anderen *Mizwot* und die Ethik des Judentums beiseite lassen. Beides gehört zusammen.

Meine Angelegenheiten sind nicht ausschließlich meine Angelegenheiten, und die meiner Mitmenschen sind nicht ausschließlich ihre Angelegenheiten. Die Torah macht das unmissverständlich klar, wenn sie sagt:

>»Jemand sündigt, wenn er vernimmt, wie man
>ihn beschwört, er war aber Zeuge, hat es gese-

> hen oder erfahren, sagt aber doch nicht aus, so
> legt er Schuld auf sich« (5,1).

Der Vers spricht davon, dass der Zeuge einer Tat, die Pflicht hat, sie zu bezeugen. Der Zeuge wird mitschuldig. Der Talmud nennt als eine der möglichen Ursachen dafür, dass Jeruschalajim zerstört wurde, die Tatsache, dass die Menschen sich nicht mehr gegenseitig ermahnten und die »Meine-Sache-deine-Sache-Mentalität« gelebt hätten, sagt Rabbi Chanina (Schabbat 199b). Der Brauch, etwas Geld in die Zedakabüchse zu werfen, bevor man die Schabbatkerzen zündet, erinnert daran. Es gibt keinen Ritus ohne ethische Verpflichtung, und diese haben wir gegenüber G!tt, gegenüber uns selbst, wenn wir unbeobachtet sind und gegenüber anderen Menschen. Die Torah fordert das ganz besonders von den Priestern, denn sie sind geistige Leitbilder. Auch heute sollen wir an diejenigen, die in öffentlichen Positionen Verantwortung übernehmen, diese Maßstäbe anlegen. Wir müssen von diesen Menschen erwarten können, dass sie sich tatsächlich in einem Zustand moralischer Reinheit befinden – und dies nicht nur vorgeben.

Hoche'ach Toche'ach sagt uns, dass jeder selber auf denjenigen, oder diejenige, zugehen soll, der (vielleicht auch anscheinend) etwas falsches getan hat. In den Sozialen Medien ist man häufig versucht, zunächst die Öffentlichkeit zu suchen. Vielleicht ist man der erste, der ein Fehlverhalten entdeckt hat. Wie wir gesehen haben, haben die ersten Verbreiter einer Nachricht die besseren Karten, tatsächlich wahrgenommen und geteilt zu werden. Das Ziel von *Hoche'ach Toche'ach* ist es jedoch, nicht »über« Menschen zu sprechen, sondern »mit« ihnen. Wenn wir mit etwas unzufrieden sind, sollen wir uns direkt an die Quelle wenden, statt zu skandalisieren und andere ebenfalls in Wut zu versetzen. Nicht selten erhalten solche Geschichten in der Öffentlichkeit ihre eigene Dynamik. Möglicherweise ist es das normale menschliche Verhalten, uns mit Ärger über Dritte zunächst an jemand anderen zu wenden und seinen Unmut darüber loszuwerden, statt der entsprechenden Person direkt zu begegnen und sie zu konfrontieren. Vielleicht ist aber dieses genau deshalb eine *Mitzwah* (die zu Beginn dieses Kapitels zitiert wurde). Es fällt uns schwer, Kritik anzunehmen und deshalb fürchten wir uns auch selber davor, unser Gegenüber (konstruktiv) zu kritisieren. Schon der Talmud kennt das. So heißt es (in Arachin 16b):

> Es wird gelehrt, dass Rabbi Tarfon sprach: Es würde mich wundern, wenn es in dieser Generation jemanden gibt, der eine Zurechtweisung annehmen kann, wenn der Zurechtweisende zu ihm sagt: Entferne den Splitter zwischen deinen Augen, dann spricht der andere zu ihm: Entferne den Balken zwischen deinen Augen. Rabbi Elazar ben Azarja sagt: Ich würde mich wundern, wenn es in dieser Generation jemanden gibt, der weiß, wie man tadelt.

Bevor man allerdings zur Tat schreitet, weist Maimonides darauf hin, dass es zuweilen nicht notwendig ist, jemanden zu tadeln. Es könnte durchaus sein, dass man auch verzeihen kann.

Das sei ein Beweis für »besondere Frömmigkeit«:

> Ist jemand von seinem Nächsten beleidigt worden und er will ihn dazu nicht zur Rede stellen, weil der Beleidiger eine zu unbedeutende Person, oder geisteskrank war, aber vielmehr ihm in seinen Herzen verzeihen, ohne Hass und Ermahnung, so ist das besondere Frömmigkeit, insofern das Gesetz nur verlangt, dass kein innerer Hass da sei.
>
> – *Mischne Torah, Hilchot De'ot 6,9*

Wenn dies nicht möglich ist, dann wird es Zeit für eine Aussprache oder eine »Konfrontation«.

- Dies sollte nicht in der Öffentlichkeit geschehen (*Hilchot De'ot* 6,7 unten zitiert).
- Die Sprache sollte ruhig und gelassen sein. Schimpfwörter sind zu vermeiden (*Hilchot De'ot* 6,7 unten zitiert). Siehe dazu auch das vorhergehende Kapitel.
- Herabsetzende Sprache (oder gar Schimpfwörter) sind zu vermeiden (*Hilchot De'ot* 6,8 unten zitiert).
- Man sollte jemanden nicht für etwas tadeln, was man vielleicht selber tut (Bawa Metzia 59b, unten zitiert)
- Man korrigiere zunächst sich selber, dann andere (Bawa Metzia 107b).

Geht es jedoch um **öffentliche** oder religiöse Angelegenheiten (wir denken hier an die Politik) und der Angesprochene reagiert nicht, dann fordert Maimonides eine öffentliche Reaktion (*Hilchot De'ot* 6,8 unten zitiert).

Bei Maimonides heißt es (*Hilchot De'ot* 6,7):

Wer seinen Nebenmenschen fehlen und auf
schlechten Wegen wandeln sieht, ist verpflichtet, ihn zum Guten zurückzuführen, und ihn zu
belehren, dass er durch seine bösen Handlungen nur gegen sich selbst sündigt, wie es heißt:
»Zur Rede stellen sollst du deinen Nächsten«
(Wajikra 19,17). Wer seinen Nächsten in eigenen Angelegenheiten, oder weil er gegen G!tt
gesündigt hat, zur Rede stellt, tue es unter vier
Augen, er rede ihn gelassen und mit sanften
Worten an und mache ihm bemerkbar, dass er
ihn ermahne zu seinem Besten, auf dass er der
zukünftigen Welt teilhaftig werde. Findet er ihn
für die Ermahnung empfänglich, so ist es gut,
wo nicht, so ermahne er ihn ein zweites und
ein drittes Mal, und fahre damit pflichtmäßig
so lange fort, bis ihn der Sünder schlägt, und
ihm zuruft: »Ich will nicht hören«. Wer dem
Unrecht wehren kann, und ihm nicht wehrt,
der wird selbst der Sünde teilhaftig, weil er ihm
doch hatte wehren können.

Hilchot De'ot 6,8:

Wer seinen Nächsten zurechtweist, rede ihm
mit Sanftmut zu, ohne ihn zu beschämen, nach
den Worten: »Du sollst auf ihn keine Sünde tragen« (Wajikra 19,17), welche die Weisen also
deuten: Du sollst niemanden so zurechtweisen,
dass er schamrot wird. Daher ist es jedem Israeliten verboten seinen Nächsten irgendwo, am
allerwenigsten öffentlich, zu beschämen.

Obwohl der, welcher seinen Nächsten scham-rot macht, nicht gegeißelt wird, so begeht er doch eine große Sünde, denn unsere Weisen sagen: »Wer seinen Nächsten öffentlich be-schämt, hat keinen Teil an der künftigen Welt«. Man hüte sich deshalb davor, seinen Nächten, wer er auch sei, öffentlich zu beschämen, man nenne ihn nicht mit einem Beinamen, der ihn schamrot macht, noch erzähle man in seiner Gegenwart, wovor er sich schämen muss.

So sei es bei zwischenmenschlichen Angelegen-heiten; handelt es sich aber um ein Vergehen gegen G!tt, das der Sünder nach einer Ermah-nung unter vier Augen nicht bereut, so soll man ihn öffentlich beschämen, seine Sünde verkün-den, ihn beleidigen, verachten und ihn, selbst in seinem Beisein verfluchen, bis er wieder zum Guten zurückkehrt. Ganz so machten es die Propheten Israels.

Im Talmud heißt es:

Rabbi Nathan sprach: Mache deinem Nächsten keine Vorwürfe für eine Unvollkommenheit, die an dir selber ist. – Bawa Metzia 59b

An einer anderen Stelle heißt es (Tamid 28a):

Rabbi Jehuda HaNasi sagt: …Ein Mensch soll-te die Zurechtweisung lieben, denn solange es Zurechtweisung in der Welt gibt, kommt Gelas-senheit in die Welt, es kommt Gutes und Segen in die Welt, und das Böse weicht aus der Welt, wie es heißt: »Diejenigen, die zurechtweisen, finden Gunst, und ein guter Segen fällt auf sie« (Mischlej 24,25) Rabbi Jonatan sprach: Wer seinen Nächsten ohne Hintergedanken zurechtweist, ist eines Teils des Heiligen, gepriesen sei Er, würdig, wie es heißt: »Wer einen anderen zurechtweist, findet Gunst bei mir.« Und nicht nur das, G!tt zieht über diese Person ein Tuch der Liebe« (Mischlej 28,23).

Auch wird betont, wie wichtig es ist, aufeinander aufzupassen. Wenn sich jeder Mensch nur noch um sich kümmert, geht der gesellschaftliche Zusammenhalt verloren. Erneut zitieren wir den Talmud (Schabbat 119b):

Raw Amram, der Sohn von Rabbi Schimon bar Abba, sagte, dass Rabbi Schimon bar Abba sagte, dass Rabbi Chanina sagte: Jerusalem wurde nur deshalb zerstört, weil das Volk sich nicht gegenseitig zurechtgewiesen hat, wie es heißt: »Ihre Diener waren wie Hirsche die keine Weide fanden und sie liefen ohne Kraft vor ihrem Verfolger her« (Ejcha 1,6). So wie dieser Hirsch seinen Kopf dem Schwanz des anderen zuwendet, wenn er weidet, und jeder sich selbst ernährt, so senkte auch das jüdische Volk in jener Generation sein Gesicht zur Erde und tadelte sich nicht gegenseitig.

Aggressive Ansprache

Emotionen begegnen uns in den sozialen Netzwerken häufiger in Form von verbaler Aggression. Wer seinen Ärger ausdrücken möchte, greift vielleicht zu einem Vokabular, das nicht sonderlich hilfreich ist um die Spannungen abzubauen. Wie wir schon von Maimonides gesehen haben, werden *observante* Menschen nicht zu verbaler Aggression greifen – also im idealen Fall. Schimpfwörter sind übrigens immer Ausdruck verbaler Aggression. Unabhängig vom kommunikativen Umfeld, neigen Menschen dazu, ihre Sachlichkeit zu verlieren. *Orchot Tzadikim* (12,10) beschreibt das:

> Der zornige Mensch kann nicht weise sein, denn der Zorn lässt die Vernunft aus dem Verstand fliehen, so dass er nicht so antworten kann, wie es sich gehört, und er kann nicht so tadeln, wie es sich gehört, und alle seine Worte sind nicht durch den Intellekt geleitet. Der zornige Mensch blockt alle Zurechtweisungen von sich ab, denn kein Mensch fühlt sich frei, seine Fehler und Unzulänglichkeiten zu offenbaren, da jeder Mensch ihn fürchtet, sich fürchtet, ihm die Dinge zu sagen, die er falsch macht, damit er nicht zornig mit ihm wird. Und selbst dann, wenn ihn jemand zurechtweisen sollte, dann wird der zornige Mensch wegen seines Zorns keine Korrektur annehmen. Im Allgemeinen erwirbt ein zorniger Mensch also keine gute Eigenschaft, wenn er nicht zuerst seinen Zorn aus seinem Herzen entfernt. So wie der Zornige keine Zurechtweisung von anderen annimmt,

so ist er auch nicht in der Lage, anderen eine Zurechtweisung zu erteilen, denn die Torah sagt: »Du sollst deinen Nächsten zurechtweisen und so keine Sünde tragen wegen seines Fehlverhaltens« (Wajikra 19,17), was bedeutet, dass du ihn zuerst sanft und unter vier Augen und mit sanfter Rede zurechtweisen musst, indem du ihn bittest, dass du nur an sein eigenes Wohl denkst. Und dann, wenn du das tust, wird dir keine Sünde angerechnet. Wenn du aber deinen Gefährten gleich am Anfang mit zorniger Stimme und mit Zorn tadelst und ihn beschämst, dann sündigst du, denn dein Gefährte wird keine Zurechtweisung von dir annehmen. Denn das ist die menschliche Natur: wenn ein Mann mit Gewalt zu seinem Gefährten kommt, dann wird sein Gefährte stur und unnachgiebig zu ihm sein und nicht auf ihn hören. Diesbezüglich sagte der Weise im Kohelet: »Die Worte der Weisen werden sanft gehört« (Kohelet 9,17), das heißt, der Weise spricht sanft.

Derjenige, der ermahnt wird

Der Talmud (Arachin 16b) erzählt eine Geschichte über einen vernünftigen (hier »weisen«) Menschen: Dieser ist vernünftig genug, dankbar für die Ermahnung zu sein. Er »liebt« denjenigen sogar – wir sehen aber auch, dass es vielleicht sinnlos sein könnte, einen unbelehrbaren Menschen *abholen* zu wollen:

> Rabbi Jochanan ben Nuri sagt: Ich rufe die Himmel und die Erde als Zeugen vor mir an,

dass Akiwa meinetwegen viele Male gepeitscht wurde. Warum? Weil ich mich vor Rabban Schimon ben Gamliel dem Großen über ihn beschweren wollte. Umso mehr steigerte ich dadurch seine Liebe zu mir. Es wird gesagt: »Schimpfe nicht mit einem Spötter, damit er dich nicht hasst; schimpfe mit einem Weisen, und er wird dich lieben« (Mischlej 9,8).

Schon allein die Auseinandersetzung damit, dass man persönlich Kritik am Verhalten anderer äußern soll, verändert auch die Bereitschaft, diese Kritik anzunehmen.

Wer im Licht der Öffentlichkeit steht und einen gewissen Status erreicht hat, wird nicht mehr zugänglich für sachliche Kritik sein. Ist erst eine Stufe erreicht, bei der man regelrechte *Fans* hat, werden diese keine Kritik üben. Man wird viel Applaus erhalten. Kritik hingegen, wird möglicherweise stark emotionalisiert und als »Hate« ankommen. Auch damit beschäftigt man sich nicht. Die »vernünftigen« Stimmen werden weniger werden.

Backfire-Effekt

Im Zusammenhang mit »Tadel« sei auch der »Backfire-Effekt«[41] genannt. Dieser begegnet uns leider auch in den sozialen Netzwerken.

41| Nyhan, Brendan, und Jason Reifler. »When Corrections Fail: The Persistence of Political Misperceptions«. Political Behavior 32, Nr. 2 (Juni 2010): 303–30. https://doi.org/10.1007/s11109-010-9112-2.

Es kann durchaus vorkommen, dass man gegenüber einer anderen Person Fakten ins Feld führen möchte. Das kann und sollte man natürlich tun, aber nicht immer führt das zum Ziel. Der »Backfire-Effekt« führt dazu, dass Menschen, die mit Fakten konfrontiert werden, die tiefe Überzeugungen hinterfragen, diese Fakten zurückweisen und statt dessen ihre ursprüngliche Haltung noch verstärken. Das reine Nennen von Fakten, die eine Überzeugung als falsch entlarven, kann also den gegenteiligen Effekt haben. Jede reine Wiederholung der Fakten wird keinen Erfolg haben. Auch Emotionen werden erfolglos sein und Beleidigungen ohnehin nicht.

Förderlich hingegen könnte sein, das Bewusstsein dafür zu schärfen, wie diese Voreingenommenheit zustande gekommen ist. Es ist notwendig, kommunikative Brücken zu bauen und die Fakten möglichst nachvollziehbar und kleinschrittig zu präsentieren. Das geht manchmal nicht ohne Experten auf ihrem Gebiet. Diese Experten haben den notwendigen Durchblick und können erklären, wie Sachzusammenhänge entstanden sind.

Keine Vergebung?

Am 21. September 2019 hielt Rabbiner Lord Jonathan Sacks (seligen Angedenkens) die Ansprache vor den *Slichot* in der Hampstead Synagogue.

Slichot sind eine spezielle Art von Bußgebeten. *Slichot* ist der Plural von *Slicha*, das bedeutet »Verzeihung«. *Slichot* werden üblicherweise an allen Fastentagen gesprochen, mit Ausnahme von Tischa beAw. Vor den Hohen Feiertagen aber werden die *Slichot* täglich gesagt.

Wann die Rezitation beginnt, hängt davon ab, zu welcher Tradition man zählt. Sefardische Juden tun dies seit Anfang des Monats Elul und stehen deshalb schon seit einigen Tagen vor dem Morgengrauen auf. So lesen wir es auch bei Josef Karo (1488–1575) in seinem *Schulchan Aruch* (Orach Chajim 581,1). Die aschkenasischen Juden beginnen mit den *Slichot* erst in der Nacht nach der Hawdala des Schabbats, der *Rosch Haschana* vorangeht. Sollte Rosch Haschana schon auf den folgenden Montag oder Dienstag fallen, wird am Wochenende zuvor begonnen. »Früh« meint als Idealzeit tatsächlich sehr, sehr früh. Die ersten aschkenasischen *Slichot* werden schon Samstagnacht gesprochen. Um es genauer zu definieren: zur halachischen Mitternacht. Das ist der Zeitpunkt, der genau zwischen Sonnenuntergang und -aufgang liegt. Würde die Sonne um 20 Uhr untergehen und um sieben Uhr wieder aufgehen, wäre dies also gegen halb zwei. Um diese Zeit versammelte sich auch die

Gemeinde in der Hampstead Synagogue. Das Sprechen der *Slichot* dort ist von beeindruckender Atmosphäre. Die Nacht mit Lord Jonathan Sacks (seligen Angedenkens) ist vollständig auf YouTube verfügbar[42].

Schon der Machsor von Vitry, der vor etwa 1.000 Jahren entstand, kennt den Brauch, »in der Nacht nach dem Schabbat vor *Rosch Haschana* früh vor Sonnenaufgang aufzustehen und um Gnade zu bitten«. An den folgenden Tagen reicht es aus, die *Slichot* vor dem Morgengebet zu sprechen. Diese Praxis hat sich in vielen Gemeinden durchgesetzt, weil das noch frühere Aufstehen den Biorhythmus nachhaltig beeinflussen würde. Das allgemeine Fasten an den Tagen, an denen *Slichot* gesagt werden, ist heute nicht mehr so verbreitet wie früher. Jedoch erklärt es umgekehrt, warum die *Slichot* als Gebete der Fastentage in dieser Zeit gesprochen werden. Den eigentlichen Kern der *Slichot* bilden die »*schlosch essre Midot*« – die »13 Eigenschaften« G!ttes –, die im Buch Schemot 34, 6-7 genannt werden. Dort lesen wir:

> »HaSchem, HaSchem, erbarmungsvoll und gnädig, langmütig, reich an Gnade und Wahrheit, bewahrt die Gnade, bis in die tausendste Generation, verzeiht Schuld, Missetat und Sünde und läutert.«

Der Talmud schlägt einen Bogen von den 13 Eigenschaften zu Buße und Umkehr, wie sie zu den Hohen Feiertagen von den Menschen gefordert werden: »G!tt legte sich einen Tallit an wie ein Vorbeter und lehrte Mosche die Ordnung des Gebets. Sooft Israel sündigt,

---

42| Link zum Video: https://youtu.be/feTh2QRbygQ

soll es vor mir nach dieser Ordnung beten, und ich vergebe ihm seine Sünden« (Rosch Haschana 17b). Mit den 13 Eigenschaften sei ein Bund geschlossen, heißt es weiter, der ihre Wirksamkeit zusagt. Die persönliche »Umkehr« ersetzt dies jedoch nicht.

Und hier setzte Rabbiner Sacks an: Wir bitten G!tt um Vergebung, aber leben zugleich in einem Zeitalter, das er »an unforgiving age« nannte. Ein Zeitalter, das nicht vergibt. Gemeint sind natürlich (in erster Linie) die sozialen Medien. Eines seiner Beispiele ist der Fall von Sir Richard Timothy Hunt, kurz Dr. Tim Hunt. Tim Hunt erhielt 2001 zusammen mit Paul Nurse und Leland H. Hartwell den Nobelpreis für Medizin. Ein beachteter Wissenschaftler. Bis er einen Fehler machte. Am 9. Juni 2015 hielt Hunt einen Vortrag auf der World Conference of Science Journalists in Seoul. Bei der Gelegenheit machte er einen schlechten Witz über die gemeinsame Arbeit von Männern und Frauen in Laboren. Eine anwesende britische Dozentin stufte die Bemerkung als frauenfeindlich ein und postete sie mit einer entsprechenden Bemerkung bei Twitter. Und weil, wie wir gesehen haben, Empörung gut funktioniert, verbreitete sich die Nachricht weit und schnell. Professor Hunt konnte dem Druck nicht standhalten und schon am 10. Juni trat er von seiner Honorarprofessur an der Fakultät für Biowissenschaften am University College London (UCL) zurück. In der Folge verlor er auch seine Stellen beim Europäischen Forschungsrat und der Royal Society. Für eine Entschuldigung oder Erklärung gab es keine Möglichkeit. Die Öffentlichkeit hatte ihr Urteil gefällt.

Ohne Prozess, ohne Gnade und letztendlich ohne Vergebung.

Ähnliches geschah einem deutschen CDU-Politiker, der ohnehin schon *polarisiert – polarisiert* ist eine freundliche Umschreibung dafür, dass jemand zuweilen Menschen *triggert* und dafür bekannt ist, Dinge zu sagen, die andere auf die Palme bringen – Philipp Amthor. Im Juli 2021 kursierte ein Bild von ihm, das ihn lachend an der Seite zweier Männer zeigt, die der rechten Szene zuzuordnen waren. Einer der beiden trug ein Shirt mit einem Solidaritätsaufruf für eine Schah-Leugnerin. Entstanden war das Bild auf einem Reitturnier in Amthors Bundesland Mecklenburg-Vorpommern. Das Bild wurde vielfach geteilt und der Politiker einhellig verurteilt. Seine Sicht der Dinge teilte er zwar mit, diese fand allerdings nur eine geringere Verbreitung:

> Da es aktuell auf Social Media einige Debatten über ein Foto gibt, das dort entstanden ist: Bei solchen öffentlichen Auftritten kommt es ganz regelmäßig vor, dass ich von Bürgern nach Fotos gefragt werde – so auch dutzendfach gestern Nachmittag. Die beiden Bürger, die auf einem Foto, das derzeit auf Twitter kursiert, gezeigt werden und ihren Hintergrund kannte und kenne ich nicht. Ob und inwieweit das auf Twitter veröffentlichte Foto bearbeitet wurde, lässt sich für mich nicht mit Sicherheit feststellen. Hätte ich die T-Shirt-Aufschrift bemerkt, hätte ich das Foto natürlich nicht gemacht.[43]

43| Zitiert nach Geier, Julius. »So erklärt Philipp Amthor sein Foto mit den Neonazis«. Tagesspiegel. 21. Juli 2021. https://www.tagesspiegel.de/politik/bei-reitturnier-in-me-

Auch wenn Philipp Amthor *polarisiert*: Kein Prozess, keine Gnade und letztendlich auch keine Vergebung. Und das erbitten wir von HaSchem, sind aber selber nicht bereit, zu verzeihen oder auch nur jemanden anzuhören?

Juden, *Jehudim*, werden so genannt, weil sie die Nachfahren von *Jehuda* sind. Einer Person in der Torah, die Schuld auf sich geladen hat.

Die Szene (ab Bereschit 37,23) in der Ja'akows ältere Söhne, zu denen auch Jehuda gehört, beschließen, ihren Bruder Josef zu töten, ist recht bekannt. Nach Reuwens Einwand tun sie das jedoch nicht. Sie ziehen Josef aus, werfen ihn in eine Grube, und als eine Karawane vorbeizieht, kommt Jehuda auf die Idee, Josef zu verkaufen: »Welchen Vorteil hat es, wenn wir unseren Bruder erschlagen und sein Blut verheimlichen!?«

Um sein Verschwinden zu erklären, schlachten sie einen Ziegenbock und tauchen Josefs Kleidung in das Blut. Mit den blutigen Fetzen gehen sie zu ihrem Vater Ja'akow und bitten ihn, die Kleidung zu identifizieren. Sie tun dies mit den Worten »*Haker na* – erkenne doch, ob es der Rock deines Sohnes ist« (Bereschit 37,32). Und der Vater erkannte, dass es die Kleidung seines Sohnes war. Trotz der Knappheit, in der uns der Text begegnet, muss der Leser an dieser Stelle innehalten und kann vielleicht nachempfinden, wie es Ja'akow ergangen sein mag, als er die Nachricht vom Tod seines Kindes erhielt. Er entzieht sich seinen Söhnen und lässt sich nicht trösten: »Ich werde hinabsteigen zu meinem Sohn in die

cklenburg-vorpommern-so-erklaert-philipp-amthor-sein-foto-mit-den-neonazis/27434764.html.

Gruft« (37,35). An diesem grausamen Schmerz trägt auch Jehuda Schuld. Ausschließlich ihm wendet sich die Torah jetzt für ein paar Zeilen zu. Im Text heißt es: »Jehuda stieg hinab von seinen Brüdern und schlug seine Zelte auf bei einem Mann aus Adulam« (38,1). Die Kommentatoren fast jeder Generation haben das so verstanden, dass er nicht nur geografisch »hinab zog«, sondern vor allem auch moralisch. Das beweist der nächste Satz, denn Jehuda heiratet dort eine Kenaaniterin. Das beschreibt recht passend den moralischen Niedergang. Mit seiner Frau Schua hat er drei Söhne: Er, Onan und Schelah. Es scheinen einige Jahre zu vergehen, dann erreicht Er das Alter, um zu heiraten, und nimmt Tamar zur Frau. Doch der Verbindung wird kein langes Glück gegönnt, und Er stirbt. Tamar wird zu einer kinderlosen Witwe, und Jehuda erleidet nun genau den Schmerz, den er seinem Vater zugefügt hat. In der Gesellschaft, in der Tamar und Er lebten, scheint es eine Form der Leviratsehe gegeben zu haben. Sie sah offenbar vor, dass der Schwager die Witwe heiraten muss und anstelle seines Bruders ein Kind zeugt. Onan möchte aber bekanntlich das Kind nicht zeugen und stirbt. Wieder muss Jehuda den Tod eines Sohnes erleben. Anscheinend erkennt er die tragische Dynamik und verweigert der kinderlosen Witwe indirekt, auch seinen dritten Sohn zu heiraten. Das macht Tamar zu einer gesellschaftlichen Verliererin: Weil sie ihrem Schwager Schelah zusteht, kann sie keinen anderen Mann heiraten. Doch Tamar will diese Situation auflösen. Und so wird sie zur Akteurin: Sie verkleidet sich als Prostituierte, setzt sich an eine Stelle, an der Jehuda vorbeikommen muss, und weil ihr Schwiegervater offenbar moralisch nicht sonderlich ge-

festigt ist, geht er auf das Angebot am Wegesrand ein.
Als Bezahlung für die »Dienste« Tamars, die er natürlich nicht als seine Schwiegertochter erkennt, vereinba-
ren sie einen Ziegenbock. Da er diesen nicht dabei hat,
überlässt er Tamar einen Siegelring und zwei weitere
Gegenstände. Er verspricht, sie am nächsten Tag gegen
den Bock einzutauschen. Doch am Folgetag findet er an
jenem Ort keine Prostituierte mehr. Nach einigen Mo-
naten ist nicht zu übersehen, dass Tamar schwanger ist.
Als das Jehuda berichtet wird, befiehlt er, sie zu verbren-
nen, denn sie hatte eine außereheliche Beziehung. Doch
bevor sie verbrannt werden soll, übergibt sie Jehuda den
Siegelring und teilt ihm mit, dass sie mit jenem Mann
geschlafen hat, dem der Ring gehört. Dabei benutzt sie
Worte, die Jehuda und seine Brüder zu Jakow gesprochen hatten: »*Haker na* – erkenne doch, wem gehört
dieser Siegelring?« (38,25). Das ist der entscheidende
Wendepunkt der Geschichte. Der Augenblick, in dem
Josefs Schicksal, der Schmerz des Vaters und die aktuel-
len Ereignisse zusammenlaufen: Tamar erinnert Jehuda
an die Geschichte mit Josef. Jehuda antwortet: »Sie ist
gerechter als ich« (38,26). Mit diesen Worten ist er der
erste Mensch in der Torah, der seinen Fehler erkannt hat
und offen zugibt. Jehuda hat sich damit auf den Weg aus
seinem moralischen Niedergang gemacht, auf den Weg
der Teschuwa, der Umkehr. Das ist der erste Schritt,
den Maimonides, der Rambam (1135–1204), in seinen
Hilchot Teschuwa (1,1) beschreibt: »Man erkennt seine schlechten Taten und bereut sie.« Vielleicht hatte es
dazu erst der konkreten Erinnerung an die Geschichte
mit Josef bedurft. Und tatsächlich ändert Jehuda sein
Leben und kehrt zurück zu seiner Familie. Denn wenn

die Söhne Jakows in Kapitel 42 (des Buches Bereschit) nach Ägypten gehen und Benjamin zu Hause lassen, ist die Rede von zehn Söhnen. Jehuda wird also bei ihnen sein. In Kapitel 44 bietet sich Jehuda dann im Austausch für Benjamin an. Er möchte statt seiner in ägyptische Gefangenschaft gehen. Jehuda ist ein anderer Mensch geworden. Er ist nicht mehr der, der Josef in die Grube stieß und dann nach Adulam zog. Jehuda hat Großes geleistet. Der Talmud sagt, dass selbst die größten *Zaddikim* nicht an der Stelle stehen können, die jemand einnimmt, der *Teschuwa* gemacht hat (Berachot 34b). Und Tamar? Tamar hat ihr Leben wissentlich aufs Spiel gesetzt, um Jehuda auf die richtige Bahn zu bringen und sich selbst aus ihrer schwierigen Lage zu befreien. Insbesondere dadurch, dass sie Jehuda nicht öffentlich zur Rede stellte und ihn dadurch beschämte. Der Talmud sagt, es sei besser, sich selbst in einen Feuerofen zu werfen, als den Nächsten öffentlich zu beschämen. Dem kommt Tamar nach und wird damit zu einer Heldin.

Jehuda wurde vergeben. Hätten Empörte bei Twitter oder Facebook ihm vergeben? Ohne Anhörung, oder näherer Beschäftigung hätte man ihn sicher verurteilt. Aber es gibt eine Überraschung: Wer Teil des Netzwerks ist, kann es ändern und Anteil daran haben, es in Zukunft besser zu machen und diese Mechanismen nicht mehr zu unterstützen. Wir haben einen Teil der Werkzeuge kennengelernt, den die jüdische Tradition dafür hervorgebracht hat. Es umzusetzen, ist an jedem von uns. Wir wollen ein besseres soziales Netzwerk? Seien wir es.

Richte jeden wohlwollend

In den *Pirkej Awot* (1,6) heißt es:

> Jehoschua b. Parachja sagt: »Schaffe dir einen Lehrer an, erwirb dir einen Genossen und beurteile (richte) einen jeden nach der besseren Seite«.

Wenn wir auf jemanden treffen, so sagt es jedenfalls Rabbi Jehoschua ben Parachja hier, dann solle man diesen Menschen zunächst nach seiner guten Seite beurteilen. Also etwas tun, das für die Aufmerksamkeitsökonomie Gift ist. Das bietet kein Empörungspotential. Auf der anderen Seite wird es Menschen geben, die uns auffordern, nicht naiv auf die Dinge zu schauen.

Maimonides weist uns darauf hin, dass es auf der Skala von totaler Naivität bis zur totalen Paranoia einen Mittelweg gibt. Er schreibt in seinem Kommentar zur zitierten Stelle:

> Wenn du nicht weisst, ob jemand fromm oder frevelhaft ist, du nimmst wahr, dass er etwas tut oder spricht, was du auf unterschiedliche Art auslegen kannst, zum Guten oder zum Schlechten, so nimm das Gute an und denke nicht schlecht von ihm. Ist jemand aber als fromm bekannt und weiss man, dass er Gutes tut und es wird bemerkt, dass er etwas getan hat, das als schlecht angesehen werden muss, kann man es auch nur mit der größten Not als gut beurtei-

len oder es ist vielleicht ganz ausgeschlossen, dass es so sein sollte, so sollst du es doch für gut halten, da es doch möglich ist, dass es doch gut sein könnte und dann darfst du den Mann nicht verdächtigen. Deshalb heißt es auch (Schabbat 97a): »Wer Unschuldige verdächtigt, der wird an seinem Körper bestraft.« Ebenso soll man sich von einem Frevler, dessen Handlungen als schlecht bekannt sind, wenn wir auch etwas Gutes an ihm wahrnehmen, fern halten, weil es doch eine entfernte Möglichkeit gibt, dass die Tat eine schlechte gewesen ist, so sollst du nicht glauben, dass sie gut zu nennen war, da doch die Möglichkeit vorhanden war, dass sie schlecht gewesen sein könnte, wie es (Mischlej 26,25) heißt: »Ob auch seine Stimme mild, traue ihm nicht« Und wenn es nicht bekannt ist und die Tat nach keiner der beiden Seiten (weder nach der guten noch nach der schlechten Seite) entschieden ist, musst du gemäß der frommen Weise den Betreffenden nach der unschuldigen Seite beurteilen, welcher von zwei Prinzipien es auch immer sein mag (ob gut oder schlecht).

Rabbeinu Jonah kommentiert ebenfalls ähnlich:

Dies bezieht sich auf eine Person, von der wir nicht wissen, ob sie rechtschaffen oder böse ist; oder wenn wir wissen, dass sie ein gemäßigter Mensch ist, der manchmal Böses und manchmal Gutes tut. Und wenn er etwas tut, das uns dazu bringen kann, ihn ungünstig zu beurteilen und [auch] ihn in unserem Verständnis günstig zu beurteilen - oder sogar, wenn es (dem Anschein nach) mehr zur Seite der Schuld neigt -, wenn er ihn in einem Aspekt der Angelegenheit her günstig beurteilen kann, sollte er sagen: »Seine Absichten waren gut.« Aber diese Worte handeln weder von den vollkommenen Gerechten noch auf den vollkommenen Bösen. Wie beim Gerechten sollten wir auch bei einer Handlung, die völlig böse ist und in jedem Aspekt zur Schuld neigt, ihn wohlwollend beurteilen und sagen: »Es war ein Fehler, der von der Hand des Herrschers ausging«, und siehe, er bereute und bemerkte [es] und bat [bereits] um Vergebung.«

Und schließlich *Raschi*:

Bei allem, was du über eine Person hörst, sage, dass sie Gutes vorhat, bis du mit Sicherheit weißt, dass es nicht so ist. Wenn du so urteilst, werden sie dich vom Himmel aus als verdienstvoll beurteilen.

An einer anderen Stelle (2,4) sagt Hillel einen Satz, der mit Sicherheit bekannt klingt:

Richte deinen Mitmenschen nicht, bevor du nicht an seinem Platz gewesen bist.

Rabbejnu Jonah kommentiert dazu etwas, dass uns ebenfalls nicht unbekannt ist: »Ich würde anders handeln!« Natürlich, scheint Rabbejnu Jonah zu sagen. Warte ab, wie du dich dann entscheidest. Anscheinend hat sich die Einstellung der Menschen wenig geändert.

Ein Mensch sollte sich nicht überschätzen und

sich nicht zu sehr auf seinen Verstand verlassen. Und wenn er seinen Mitmenschen in einer hohen Position sieht und dieser nicht aufrichtig handelt, dann sollte er nicht sagen: »Wenn ich seinen Platz einnehmen würde, würde ich nicht eine böse Sache von all dem Bösen tun, das er tut.« Weil du das nicht weißt und du nicht anders bist als er und vielleicht würde dich auch die Position beeinflussen. Wenn du seinen Platz und seine Position erreichst und du deinen Schwächen nicht nachgehst, dann hast du das Recht, dich über seine Schwächen zu wundern.

Der Kommentator *Me'iri* fügt noch etwas hinzu, was man auch auf die sozialen Netzwerke beziehen könnte. Wenn man einen Menschen außerhalb seiner eigenen Stadt sieht und man findet, er verfüge dort über viele und außergewöhnliche Tugenden, so solle man nicht darauf schließen, dass dies seine wahre Persönlichkeit sei. Man könne seinen Charakter nur dann beurteilen, wenn man sieht, ob er sich an »seinem Ort« ebenso verhält. Instagram und andere Werkzeuge der perfekten Selbstdarstellung winken uns an dieser Stelle fleißig zu.

Einen besonderen Fall dieser kritisierten Haltung schildert der Tanach im ersten Buch Schmuel (1,9–17). Channah kommt in den Tempel in Schiloh und wird vom Kohen (Priester) Eli beobachtet:

Da stand Channah auf, nachdem sie in Schiloh gegessen und getrunken hatten. Der Priester Eli aber saß auf einem Stuhl am Türpfosten des Tempels HaSchems. Und sie war betrübten Gemüts, und sie betete zu HaSchem und weinte heftig. Und sie legte ein Gelübde ab und sprach: HaSchem Tzewa'ot! Wenn du das Elend deiner Magd ansehen wirst und meiner gedenken und deine Magd nicht vergessen wirst und deiner Magd einen männlichen Nachkommen geben wirst, so will ich ihn HaSchem alle Tage seines Lebens geben. Und ein Schermesser komme nicht auf sein Haupt. Und es geschah, als sie lange vor HaSchem betete, beobachtete Eli ihren Mund. Channah aber redete in ihrem Herzen. Nur ihre Lippen bewegten sich, aber ihre Stimme hörte man nicht.

Der *Tanach* beschreibt, was Channah antreibt, aber diese Perspektive hat Eli noch nicht. Seine Schlussfolgerungen folgen dann umgehend.

Deshalb hielt Eli sie für eine Betrunkene, und Eli sprach zu ihr: Wie lange willst du wie eine Betrunkene tun? Lege deinen Weinrausch ab von dir!

Eli zieht also voreilige Schlüsse.

Aber Channah antwortete und sagte: Nein, mein Herr! Ich bin eine Frau mit betrübtem Gemüt. Wein und Berauschendes habe ich nicht getrunken, sondern ich habe meine Seele vor HaSchem ausgeschüttet. Halte deine Magd nicht für eine verkommene Frau! Denn aus meinem großen Kummer und Kränkung habe ich so lange geredet. Eli antwortete und sagte: *Lechi leSchalom* Geh hin in Frieden! Der G!tt Israels wird dir deine Bitte erfüllen, die du von ihm erbeten hast.

Ihr Sohn, den sie kurze Zeit später bekam, war der Prophet Schmuel. Im Talmud (Berachot 31b) zieht Rabbi Elazar aus dieser Stelle folgenden Schluss:

> Daraus lernen wir, dass diejenigen, die ihre Mitmenschen einer Schuld verdächtigen, die sie nicht begangen haben, sie um Vergebung bitten müssen. Und nicht nur das, sie müssen sie auch segnen, wie Eli zu Channah sagte: *Lechi leSchalom.* »Dann geh in Frieden. Der G!tt Israels wird dir deine Bitte erfüllen, die du von ihm erbeten hast.«

Es wird Unvoreingenommenheit gefordert. Voreilige Schlüsse sollen nicht nur vermieden werden, es sollte zunächst davon ausgegangen werden, dass jemand nicht aus negativem Antrieb heraus handelt. Es kann hier hilfreich sein, dass wir uns vergegenwärtigen, dass die Dinge nicht immer so sind, wie sie zunächst erscheinen. Das ist, wie wir oben gesehen haben, sowohl für das Hinterfragen der *glänzenden* Identität in den sozialen Medien, als auch für das Verhalten anderer gegenüber. Gehe ich davon aus, dass jemand einen Fehler gemacht hat, oder warte ich ab? Wie möchte ich selber von jemandem empfangen werden, dem ich das erste Mal begegne?

Eine offene Frage ist, ob man dieses Prinzip auch auf die gesamte Gesellschaft anwenden sollte. Es ist deutlich geworden, dass man eine einzelne Person nicht vorverurteilen soll. Die Gesellschaft insgesamt, gilt es hingegen zu korrigieren. Sie ist ein Organismus, der vom Fortschritt und fortwährender Verbesserung lebt.

Kontakt aufnehmen

In den sozialen Medien ist es einfach, ein konkretes Fehlverhalten öffentlich zu benennen. Screenshot machen, oder die Angelegenheit kopieren und posten. Vielleicht noch mit einem Kommentar versehen. So hat vor einigen Jahren eine kleine Organisation eine Veranstaltung zu einem jüdischen Thema anbieten wollen und den Termin auf einen jüdischen Feiertag gelegt. Ein Blogger wurde darauf aufmerksam und schrieb *darüber*. Die Anbieter der Veranstaltung wussten davon jedoch nichts. Eine simple Nachfrage per Mail zeigte, dass es bei der Planung zu einem Missverständnis gekommen war und es *natürlich* nicht beabsichtigt war, jemandem damit vor den Kopf zu stoßen. Die Veranstaltung wurde verschoben, der Blogeintrag mit dem Versuch der Skandalisierung blieb jedoch online. Es wäre auch ein Gebot der Sorgfalt gewesen, mit der betroffenen Partei zu sprechen. Für Journalisten eine Selbstverständlichkeit.

Ein Beispiel aus der Politik: Die Partei »Bündnis 90/Die Grünen« hatte für einen Parteitag im Juni 2021 eine Gastrednerin eingeladen. Die Schriftstellerin sollte über Hetze und die bewußte Desinformation im Netz durch Populisten sprechen. In ihrer kurzen Rede, die per Stream übertragen wurde, forderte sie »eine neue Aufklärung« und beobachtete, gerade im Zusammenhang mit dem Klimawandel und der CORONA-Pandemie, eine Abkehr von dem, was die Wissenschaft vermittelt.

Carolin Emcke sprach an einem Freitagnachmittag. Am Samstagvormittag warf ihr die Zeitung BILD vor, »Klimaforscher mit verfolgten Juden« verglichen zu haben. Eine weitere Tageszeitung folgte dieser Formulierung. In den sozialen Netzwerken wurde die Meldung schnell herumgereicht und entsprechend kommentiert. Am Nachmittag griffen Politiker der CDU die Stimmen auf und folgten dem Bild, dass die Öffentlichkeit gezeichnet hatte.

Der Generalsekretär der CDU twitterte:

> Das ist eine unglaubliche + geschichtsvergessene Entgleisung auf dem Parteitag der @Die_ Gruenen Ich erwarte von @abaerbock dazu heute absolute Klarheit! Beim Thema Antisemitismus darf es keinen Raum für Interpretation geben. Da gibt es nur Klartext! #Gruene [44]

Beigefügt war ein kurzes Video mit einem entsprechenden Ausschnitt – ohne Kontext. Andere Politiker folgten mit einer Verurteilung.

Was hatte Carolin Emcke gesagt?[45]

> Es ist Zeit, endlich die Frage nach der Verbindung von Demokratie und Wahrheit zu stellen. Es ist Zeit, dass wir uns eingestehen: Eine in sozialen Medien fragmentierte und durch Des-

---

44| https://twitter.com/PaulZiemiak/status/1403692666647416832

45| Zitiert nach der Aufzeichnung des Senders Phoenix. https://youtu.be/E-6cPeWcKMo?t=3846 (ab 1:04)

information und Ressentiments aufgeladene Öffentlichkeit rührt an den legitimatorischen Kern einer Demokratie.« (…) Aber in der Gegenwart ist die öffentliche Kommunikation faktisch privatisiert und in die ungefilterte Macht der Plattformökonomie überführt worden, die kein Interesse an der Unterscheidung von richtig und falsch hat.

Weiter sagte sie:

Das Objekt, auf das sich dann der empörte Protest richtet, ist so austauschbar wie mutwillig.

Später:

Es wird keine Rolle spielen, welche Personen oder welche Parteien es trifft.« Denn treffen werde es »alle in unserer Demokratie«.

Die radikale Wissenschaftsfeindlichkeit, die zynische Ausbeutung sozialer Unsicherheit, die populistische Mobilisierung und die Bereitschaft zu Ressentiment und Gewalt werden bleiben. Es wird sicher wieder von Elite gesprochen werden. Und vermutlich werden es dann nicht die Juden und Kosmopoliten, nicht die Feministinnen oder die Virologen sein, vor denen gewarnt wird, sondern die Klimaforscher.«

Aus der »Information«, dass Fehlinformation jeden treffen werde und könnte und das Ziel »auf das sich dann der empörte Protest richtet« dann »austauschbar wie mutwillig« sei, wurde »Gegen Klimaforscher wird also genauso gehetzt wie einst gegen Juden?«. Der Schaden war angerichtet. Gerichtet wurde über Carolin

Emcke. Doch die Angelegenheit blieb nicht ohne Widerstand. Immer wieder wurde auch Paul Ziemiak in den sozialen Medien auf die Diskrepanz zwischen der behaupteten und der tatsächlichen Realität hingewiesen – ganz so, als wollte das Leben, die Rede von Emcke bestätigen.

Vier Tage twitterte Paul Ziemiak dann dies:

> Heute habe ich längeres + gutes Telefonat mit @C_Emcke geführt. Miteinander reden ist besser als übereinander. Bin immer besonders sensibel, wenn ich Vergleiche mit Juden höre. Im Kontext ganzer Rede wird deutlich, dass sie Hass & Lügen gg. Juden nicht vergleicht od. verharmlost.[46]

Und es folgte:

> Sie engagiert sich seit jeher für unsere Demokratie und gegen Antisemitismus. Diese klare Haltung wollte ich nicht infrage stellen. Eine differenzierte Auseinandersetzung erfordert bei diesem Thema meistens mehr Raum als einen Tweet - das nehme ich mir zu Herzen.[47]

Was wir hier exemplarisch sehen, ist die »falsche« Reihenfolge. An erster Stelle müsste eigentlich die Überprüfung der Fakten stehen (»Im Kontext der ganzen Rede«), dann die Kontaktaufnahme mit demjenigen, der sich anscheinend falsch verhalten hat und erst wenn,

---

46| https://twitter.com/PaulZiemiak/status/1404885987273195528
47| https://twitter.com/PaulZiemiak/status/1404885988514619394

nach Sichtung aller Informationen, ein falsches Verhalten nicht anders korrigiert werden kann, ein öffentlicher Hinweis darauf. In unserem Fall müsste eigentlich eine öffentliche Bitte um Entschuldigung stehen – die natürlich noch immer weniger Menschen erreicht, als die eigentliche Behauptung. Unterstellen wir an dieser Stelle, dass es eine persönliche Entschuldigung während des Gesprächs gab.

Sprachlich Urteile fällen

Wir sollten es in jedem Falle vermeiden, schon durch die Auswahl des falschen Vokabulars, Urteile zu fällen. Zunächst sollten wir uns vergegenwärtigen, dass wir dies überhaupt tun.

Wie oft hat man schon gehört, diese oder jene Person handele »schizophren«, oder diese oder jene Person sei ein »Narzisst«? Beides sind Diagnosen aus der Welt der Psychologie. Es sind keine Hilfen zur Charakterisierung von Menschen. Ähnliches gilt für die Verwendung von gruppenbezogenen Eigenschaften. Jüdinnen und Juden kennen das – wir müssen hier nicht zu viel Zeit darauf verwenden.

Wer einmal damit begonnen hat, auf Sprache bewußt zu achten, wird früher oder später auch anders online, aber auch offline kommunizieren. Ein häufiger Ratschlag ist hier: Wir teilen Beobachtungen mit und keine Urteile. Das ist schwierigen als gedacht, denn so funktionieren wir normalerweise nicht.

Wenn wir einer anderen Person begegnen, bewertet unser Gehirn von selber die Situation. Was wird gesehen? Was und wie fühle ich mich dabei? Kann ich Gemeinsamkeiten oder Unterschiede erkennen? Fühle ich mich wohl in Gegenwart der anderen Person?

Jetzt beginnt langsam das Urteil. Ist die Person vielleicht cleverer als ich es bin? Emotional ist eine Beobachtung hingegen fast neutral. Ich wäre mit der Beobachtung in der Lage, eine rationale Entscheidung zu treffen. Bei einem Urteil, gibt es einen Vergleich und eine Bewertung. Im Ton oder in der Verbalisierung wird sich das vielleicht als Zweifel, Angst, Aggression, Dominanz oder Scham ausdrücken. Wenn wir Menschen durch unser ganz eigenes Auge betrachten, ist die Wahrscheinlichkeit groß, dass wir urteilen werden.

Eine Beobachtung wäre: Er hat lange Haare. Das entsprechende Urteil wäre: Sein Haar ist zu lang.

Eine Beobachtung wäre: Sie ist gut organisiert. Das entsprechende Urteil wäre: Sie ist besser organisiert als ich.

Eine Beobachtung wäre: In diesem Bericht fehlte ein Punkt. Das entsprechende Urteil wäre: Dieser Bericht war schlecht.

Urteile haben die Wirkung, dass wir uns geschätzt oder erniedrigt fühlen können, gut oder schlecht, defensiv oder beleidigt, überlegen oder minderwertig.

Wer auf Sprache achtet, wird lernen, weniger zu urteilen. Das wird letztendlich auch zu fruchtbaren Diskussionen führen.

Sprachliche Urteile können wir durch unseren Sprachgebrauch maßgeblich beeinflussen. Ein Experiment der Wissenschaftler Amos Tversky und Daniel Kahnemann (er erhielt 2002 den Nobel-Preis für Wirtschaftswissenschaften) zeigt das eindrücklich[48].

48| Beschrieben nach: Aaron Tversky und Daniel Kahne-

Sie luden Probanden ein, sich ein Problem Gedanke zu machen. Die USA würden sich auf den Ausbruch einer Erkrankung vorbereiten, die 600 Menschen beträfe. Geschähe nichts, würden diese Menschen einfach sterben. Zwei Programme würden jedoch einige Menschen retten können. Programm A und Programm B. Programm A würde 200 Menschen retten, so hieß es in der Beschreibung des Progamms. Bei Programm B gäbe es eine ⅓-Wahrscheinlichkeit, dass alle 600 Menschen gerettet werden, und eine ⅔-Wahrscheinlichkeit, dass niemand gerettet wird: Die Probanden sollten sich für eine der Möglichkeiten entscheiden. Sie entschieden sich mehrheitlich (72 Prozent) für die Variante mit einem »sicheren« Ausgang, nämlich A. Nun veränderten Tversky und Kahnemann die Eckpunkte und führten Programm C und Programm D ein. Bei Programm C würden 400 Menschen sterben. Bei Programm D gäbe es eine ⅓- Wahrscheinlichkeit, dass niemand stirbt, und eine ⅔-Wahrscheinlichkeit, dass 600 Menschen sterben würden. Die Probanden lasen auch diese Anordnung und entschieden sich mehrheitlich für Programm D (78 Prozent).

Es lohnt sich, die Informationen genau zu betrachten. In beiden Durchläufen werden jedoch identische Konsequenzen beschrieben. In den Programmen A und C würden 400 Menschen sterben und 200 überleben. Bei B und D würden alle mit einer Wahrscheinlichkeit von ⅓ überleben– oder anders ausgedrückt: Alle sterben mit einer Wahrscheinlichkeit von ⅔. Die Ent-

mann, *The Framing if Decisions and the Psychology of Choice*, in Science 211, Nr. 4481 vom 30. Januar 1981, Seiten 453 –458

scheidung für die »sichere« wurde also nicht allein der reinen Fakten getroffen, sondern aufgrund ihrer sprachlichen Verpackung.

Ist mein Gegenüber in einer Diskussion ein Gegner, oder sogar ein »Feind«? Oder ist er mein Diskussionspartner? Das Wortfeld Krieg zu bemühen (Kampf, Gegener, gewinnen, verlieren), kann zu einer Reihe von unerwünschten Emotionen führen. Was will ich tatsächlich sagen? Welche Emotionen möchte ich wecken? Die Aussage »Dortmund hat verloren« hat eine andere Gewichtung als »Schalke hat gewonnen«, obwohl beide Sätze das gleiche Fußballspiel beschreiben können.

Privatsphäre und Datenschutz

Folgendes Zitat ist jüdischen Betern nicht unbekannt:

> Wie schön sind deine Zelte, o Ja'akow, und deine Wohnungen, oh Jisrael!
>
> – Bamidbar 24,5

Es steht in den meisten *Siddurim*, Gebetbüchern, vorne. Der Zusammenhang mit unserer Überschrift »Privatsphäre und Datenschutz« ist, zunächst einmal, nicht offensichtlich.

Raschi kommentiert dazu:

> Er (Bil'am) sagte dies, weil er sah, dass die Eingänge ihrer Zelte nicht genau einander gegenüber lagen.

Diese Idee hat *Raschi* aus dem Talmud. Der Talmud erklärt (Bawa Batra 60a):

> »Was hat er gesehen? Er sah, dass ihre Zeltöffnungen nicht einander zugewandt waren. Er sagte: Diese sind würdig, dass G!ttes Gegenwart auf ihnen ruht.«

Mit anderen Worten: Man konnte von einem Zelt nicht in das andere sehen. Jede und jede und jeder hatte einen privaten Bereich. Der Kommentator Raschi hat es dementsprechend kommentiert. Daraus kann man ein gewisses Recht auf Privatsphäre ablesen. In der Mischna wird dieses Recht noch nicht »Privatsphäre« genannt, sondern es handelt sich um einen »Schaden, der durch das Schauen verursacht wird«. Schauen wir in die Mischna (Bawa Batra 3,7):

> Man darf ein Fenster nicht in einen Hof in ge-
> meinsamen Besitz öffnen. Wenn man ein Haus
> in einem anderen Hof gekauft hat, darf man es
> nicht in einen gemeinschaftlich gehaltenen Hof
> hinein öffnen. Wenn man ein Obergeschoss
> über sein Haus gebaut hat, darf man es nicht
> in den gemeinschaftlichen Hof öffnen. Man
> darf jedoch, wenn man möchte, einen weiteren
> Raum in seinem Haus bauen oder einen oberen
> Raum über seinem Haus bauen und ihn in sein
> eigenes Haus öffnen. Man darf nicht eine Tür
> in einen gemeinsamen Hof öffnen, die direkt
> gegenüber der Tür eines anderen liegt, oder
> ein Fenster direkt gegenüber dem Fenster eines
> anderen. Wenn das Fenster klein war, darf man
> es nicht größer machen; wenn es ein einzelnes
> Fenster war, darf man es nicht in zwei verwan-
> deln. Aber man darf eine Tür in den öffentli-
> chen Bereich gegenüber der Tür eines anderen
> öffnen, oder ein Fenster gegenüber dem Fenster
> eines anderen. Wenn das Fenster klein war, darf
> man es größer machen; wenn es ein einzelnes
> Fenster war, darf man es in zwei verwandeln.

Der Talmud bringt dieses Prinzip mit dem genannten Zitat von Bileam in Verbindung:

> Als Bileam Israel nach Stämmen geordnet woh-
> nen sah, rief er aus: »Wie schön sind deine Zel-
> te, o Jakob, und deine Wohnungen, o Israel!«

Maimonides schränkt das ein wenig ein, unterstreicht zugleich aber, wie wichtig es ist:

> Wenn jemand ein Fenster in seiner Wand hat
> und sein Nachbar kommt und baut eine Tür
> an der Seite seines Hauses, kann man nicht zu
> dem Besitzer des Fensters sagen: »Versperre
> dein Fenster«, damit du nicht zu mir hinauf-
> schauen kannst, denn das Fenster war zuerst da.
> Und wenn jemand eine Mauer gegenüber dem
> Fenster eines anderen baut, um Privatsphäre
> zu haben, muss er diese Mauer um mindestens
> vier Amot von dem Fenster entfernen, um es
> nicht zu beschatten. – Mischne Torah, Hilchot
> Schechenim 7,1

Der Schulchan Aruch (Choschen Mischpat 154,7)
macht daraus eine verbindliche Regelung. Nach dieser,
ist es verboten, an seinem Fenster zu stehen und in den
Hof seines Nachbarn zu schauen, »damit er ihm nicht
durch seinen Blick schadet.« Der Schutz der Privatsphäre ist also eine Forderung in zwei Richtungen.

Post und Mail

In Deutschland (und anderen Ländern) gibt es das
»Briefgeheimnis«. Dieses Grundrecht gilt nicht nur für
Briefe im engeren Sinne, sondern grundsätzlich für alle
Postsendungen. Eine Postkarte, die ja meist offen ist, ist
trotzdem durch das Briefgeheimnis geschützt. Aber die
Mitteilungen müssen nicht unbedingt durch die Post
transportiert werden. Das Briefgeheimnis gilt für jede
schriftliche Mitteilung zwischen Absender und persön-
lich adressiertem Empfänger in einem geschlossenem
Umschlag.

Die jüdische Welt kennt eine solche Einrichtung seit dem 11. Jahrhundert. Rabbejnu Gerschom Me'or Hagolah (aus Deutschland 960–1028) hatte ein entsprechendes Verbot (einen *Cherem*) verfügt. Er gilt als Urheber einiger *Takkanot*, rabbinischer Erlasse, zu verschiedenen Aspekten jüdischen Lebens. Ein anderer Erlass aus seiner Feder soll übrigens das Verbot der Polygamie gewesen sein. Die Entscheidung, die für uns entscheidend ist, ist die, dass »man den Brief seines Freundes nicht lesen soll, ohne sein Wissen und ohne seine Erlaubnis.« Zuweilen findet man auf einigen Briefen das Kürzel *Chadrag*, das für **Ch**erem **d**erabbejnu **G**ershom steht.

Rabbejnu Gerschom ist jedoch nicht der erste gewesen, der sich gegen die Weitergabe von Geheimnissen oder vertraulichen Informationen ausgesprochen hat:

In *Mischlej* 11,13 heißt es: »Wer als Verleumder umhergeht, verrät Geheimnisse, aber ein treues Gemüt verbirgt die Sache.« Die Mischna (Sanhedrin 3,7) verwendet diesen Vers, um zu lehren, dass es Richtern nicht erlaubt ist, ihre Überlegungen zu öffentlich zu machen, nachdem ein Urteil gefällt wurde:

> Und woher kommt es, dass ein Richter, wenn er den Gerichtssaal verlässt, nicht sagen darf: Ich habe dich für frei befunden und meine Kollegen haben dich für haftbar befunden, aber was kann ich tun, da meine Kollegen in der Überzahl waren und du bist deshalb für haftbar befunden worden?

> Hierüber heißt es: »Du sollst nicht als Verleumder unter deinem Volk umhergehen« (Wajikra 19,16), und es heißt: »Wer als Ver-

> leumder umhergeht, verrät Geheimnisse, aber
> ein treues Gemüt verbirgt die Sache.«.

Diese Regelung wurde von Rabbiner Jitzchak ben Ja'akow Alfasi haKohen, kurz *Rif* (1013–1103) in seinem Kommentar zu Sanhedrin 9a, zu einer verbindlichen Regelung erklärt.

Der Talmud (Sanhedrin 31a) fügt eine Geschichte über einen Schüler hinzu, der ein Geheimnis aus dem Lehrhaus erst zweiundzwanzig Jahre nach der Tat preisgab. Es ist nicht klar, welche Art von Geheimnis gemeint war; Raschi kommentiert dazu, dass es eine Art Verleumdung oder *Laschon hara* war. Auf jeden Fall warf Rabbiner Ami ihn aus dem Lehrhaus mit den Worten: »Das ist ein Verräter von Geheimnissen!«

Wir lesen im Talmud (Joma 4b):

> R. Musja, Sohnessohn des R. Masja, sagte im Namen R. Musja des Großen: Woher kommt es, dass, wenn jemand seinem Nächsten etwas sagt, was dieser nicht weiter sagen dürfe, es sei denn, dass er ihn dazu ermächtigt hat, es zu sagen? Es heißt: »da sprach HaSchem zu Mosche vom Offenbarungszelt aus…« (Wajikra 1,1).

Das *Briefgeheimnis* lässt sich also auch aus jüdischen Quellen belegen. Ein Grund mehr, mit vertraulichen Daten auch entsprechend umzugehen und nichts aus Mails (beispielsweise) ohne Rücksprache mit den Absendern, irgendwo öffentlich zugänglich zu machen. Privatnachrichten (oder sogenannte Direktnachrichten) würden dazu zählen. Sie gehören nicht in die Öffentlichkeit.

Politische Kommunikation

Ein Unterschied zur privaten, oder geschäftlichen Kommunikation ist die politische Kommunikation und politisches Handeln.

»Führung ist nicht Macht oder Beherrschung; es ist Dienst«, heißt es im Talmud (Horajot 10b). Und damit wäre sogleich das Wesentliche über das Verhältnis zwischen dem politischen Diskurs, politischen Entscheidungen und dem Judentum gesagt. Für die Beobachter des politischen Tagesgeschäfts mag das seltsam und offensichtlich erscheinen; stehen doch die gewählten Vertreter im Dienst des Volkes. Und dennoch kann zuweilen beobachtet werden, dass nicht alle Entscheidungen so getroffen werden, wie die Wähler es sich gewünscht hätten. Selbst »Versprechen« werden nicht eingelöst. Meist mit einem Verweis auf das »Gesamtinteresse« oder darauf, an der »Macht« bleiben zu können. Im Zusammenhang mit dem Talmudzitat wird, ungeachtet der jeweiligen Regierungsform, vorausgesetzt, dass der einzelne politische »Entscheider« nicht um der Macht willen regiert. Vielmehr, weil er im Dienst derjenigen Gesellschaft handelt, welcher er vorsteht. Sei es nun ein König, ein Fürst oder ein demokratisch gewählter Vertreter. Was die Gesellschaft von der Person erwarten kann, die diesen Posten bekleidet, hat Maimonides formuliert: »Der Sinn und die Absicht ist es, den Glauben der Menschheit zu erheben und die Welt mit Gerechtig-

keit zu erfüllen.« (Hilchot Melachim U'Milchamotei-
hem 4,10).

Die Gesellschaft, wie wir sie heute in den westlichen Demokratien vorfinden und wie sie die Torah
beschreibt, ist eine Versammlung von Individuen zu
einem großen Ganzen. Jedes dieser Individuen hat,
so sieht es gerade die Torah, unveräußerliche Rechte.
In der Torah sind diese Rechte zudem unveränderbar
festgeschrieben und können nicht einer bestimmten
Anforderung folgend »angepasst« werden. Ein Schutz
vor moralischem Relativismus. Auf der anderen Seite hat jede Person auch Pflichten G!tt und der Gesellschaft gegenüber. Diese sind ebenfalls unveränderbar.
Diese Konstellation garantiert, dass die – manchmal
konkurrierenden Einzelinteressen – nicht kollidieren.
Die Gesellschaft als Bündelung der Einzelinteressen
muss zudem garantieren, dass die Rechte des einzelnen Mitglieds gewahrt bleiben. Das gemeinschaftliche
und staatliche Wohlergehen muss auch das Wohlergehen des Einzelnen bedingen, und umgekehrt. Selbst in
einer völlig fremden Umgebung soll man sich für das
Wohl der Stadt einsetzen. So mahnt Jirmejahu (29,7):
»Strebe nach dem Wohlergehen der Stadt, in die ich
euch gefangen weggeführt habe und betet zu G!tt darum, denn in ihrem Frieden wirst Du Frieden haben.«
Den Maßstab, den sich eine solche Gesellschaft setzen
sollte, bringt Rabban Schimschon ben Gamliel in den
Pirkei Awot (1,18) auf den Punkt: »Auf drei Dingen
ruht die Welt: auf Gerechtigkeit, auf Wahrheit und auf
Frieden.« Es versteht sich von selbst, dass diejenigen,
die wichtige Funktionen einnehmen, diese drei Säulen
der Zivilisation nicht nur fördern, sondern auch vorle-

ben. Früh schon haben Menschen begonnen, sich aus diesem Grund zu Interessengruppen, heute Parteien, zusammenzuschließen. Die Gruppe um ihren Anführer Korach ist vielleicht die erste Oppositionsbewegung in der Geschichte des jüdischen Volkes.

Bemerkenswert ist heute der Wettstreit von Parteien untereinander, der das abstrakte Interesse der Gruppe in den Vordergrund stellt und etwa einen Wahlsieg über zuvor gegebene »Versprechungen« stellt. Meist ist anschließend davon die Rede, dass die Glaubwürdigkeit der »Politik« geschwächt werde, sollte man nach der Wahl anders handeln als zuvor versichert. Tatsächlich wird aber die Glaubwürdigkeit der Person geschwächt, die das Versprechen gegeben hat. Die Mischna bezieht dazu, im Sinne der Gesamtgesellschaft, sehr eindeutig Stellung.

> »Derjenige, der Rechenschaft gefordert hat von der Generation der Sintflut und der Sprachverwirrung, der wird auch in Zukunft Rechenschaft fordern von jedem, der nicht zu seinem Wort steht.« (Baba Metzia 4,2).

Oder:

> »G!tt hasst diejenigen, die mit ihrer Zunge sprechen, was das Herz nicht meint.« (Pessachim 113b).

Die Verantwortung der politischen Vertreter ist also groß, auch sich selbst gegenüber. Selbst hier aber hat die Halacha Einschränkungen zum Wohle des Einzelnen oder der Gesellschaft gemacht. Die Mizwa, die religiöse Verpflichtung, nicht die Unwahrheit zu sagen, gilt nicht immer und in jeder Situation. Der Talmud sagt (Ketubot 16b-17a), dass man nicht die gesamte Wahrheit sagen muss, wenn man mit der vollen Wahrheit jemanden verletzen würde. Man dürfe sogar mit Absicht die Unwahrheit sagen, um den Frieden zu bewahren.

Was von den Führungspersönlichkeiten verlangt wird, ist also klar: Innere Überzeugung, das Richtige zu tun und moralische Integrität. Abschließend könnte man also zusammenfassen: Diejenigen, die besondere Positionen in einer Gesellschaft innehaben, sollen sich so verhalten, wie sie es von den anderen Mitgliedern der Gesellschaft erwarten. Nur so kann das Gesamtgefüge zusammengehalten werden.

Die **FUENF**-Regel beachten

Fünf Punkte können dabei helfen, zu entscheiden, worauf man bei der Auswahl seiner Aktivitäten achten sollte. Soll ich tatsächlich antworten, reagieren oder folgen?

Die Punkte sind Vorschläge und keine Handlungsanweisung.

Es wäre möglich gewesen, dafür eine Bezeichnung mit kabbalistischen Bezügen zu finden. Das hätte die Punkte ein wenig geheimnisvoller gestaltet, aber Klarheit kann bei Kommunikation hilfreich sein. Deshalb heißt die folgende Regel simpel die **FUENF**-Regel und *zufällig* sind es fünf Punkte:

- Freundlichkeit Ist die Interaktion freundlich? Ist der Account oder der Nutzer freundlich? Es ist nicht überraschend, dass die Kommentare unter einem politischen Video bei YouTube nicht so freundlich sind, wie die unter einem Video mit einer Aufzeichnung eines Konzerts mit Max Bruchs 1. Violinkonzert[49]. Es kann hilfreich

---

49| Ein solches Video gibt es tatsächlich! Es ist definitiv keine Zeitverschwendung, sich das 1. Violinkonzert von Max Bruch hier anzuhören: https://youtu.be/KDJ6Wbzgy3E Hier kann man auch mit gutem Gewissen die Kommentare lesen. Nutzerinnen und Nutzer berichten von ihren Gefühlen beim Hören der Musik. Unbezahlbare Social Media Momente!

sein, selber einen freundlichen Ton zu »setzen«. Emotionalität ist nicht hilfreich für den Einstieg in ein sachliches Gespräch.

- **Unverfälscht** Ist die Kommunikation wahrhaftig? Oder wird ein Statement nur deshalb in einem Kanal abgeworfen, um Kommentare zu provozieren? Zur Erinnerung: Emotionen *triggern* Reaktionen. Wenn es gelingt, dieses Muster zu durchbrechen, *könnte* dies die allgemeine Atmosphäre etwas freundlicher gestalten.

- **Erweckt etwas positive Gefühle?** Weckt jemand oder etwas positive Gefühle? Dann wäre es gut, sich damit auseinanderzusetzen. Wir erhalten viel zu wenig positive Eindrücke. Nicht gemeint sind hier *Likes* für die eigene Person. Streitgesprächen (nicht gemeint sind sachliche Diskussionen) in den sozialen Medien zum Zwecke der Belustigung beizuwohnen, fällt definitiv nicht unter diesen Punkt hier.

- **Notwendig** Ist eine Äusserung in einem Kontext unbedingt notwendig, oder würde man später anders darüber denken? Kurz innehalten, vielleicht nicht »im Affekt« antworten. Wer Kinder hat, kann sich fragen: Was würde passieren, wenn mein Kind das von mir im Netz liest? Unbedingt im Recht sein zu müssen, kann auch zu sprachlichen Entgleisungen führen. Verwenden wir doch ein Argument von Amos Oz (»Liebe Fanatiker«). Menschen, die sich zu sehr einer Ideologie verschrieben haben, und sei es die Ideologie der Veränderung, werden zu Fanatikern, wenn die Welt nicht die Vorstellung abbildet, die sie haben. So weit ein Argument von Amos Oz. Die Sprache des Fanatismus selbst ist die Sprache des Exzesses, der Absolutheit, eine Sprache, die keine andere Wahrheit zulässt und das Ultimative sucht. Extreme historische Vergleiche gehören in den sozialen Medien zum Standard. Sollten sie aber nicht sein. Das betrifft auch das verwendete Vokabular. Aus welchem Wortfeld bediene ich mich? Verwende ich aggressive Begriffe? Muss ich »Stellung beziehen«, oder kann ich eine Meinung äußern? Führe ich einen »Kampf« um die richtige Haltung, oder »diskutiere« ich mit jemandem?

- **Förderlich** Haben wir vor uns einen Kanal, eine Person oder eine Äußerung, die *hilfreich* ist? Wird der soziale Zusammenhang gefördert? Wird konstruktiv mit Themen umgegangen, oder geht es um Zustimmung, Empörung und Wut?

Wem eigene Punkte einfallen, kann sie hier gerne notieren, sich sichtbar bereitlegen oder sogar teilen.

Zum Abschluss

Die Zukunft

Wenn man Mark Zuckerberg folgt, dann ist der nächste Schritt in der Social Media Welt das »Metaversum«. Diese Vision teilte er im Juli 2021[50].

Bisher war »Metaversum« nur ein Schlagwort der Silicon Valley Firmen – im Juli 2021 war er etwas konkreter (sofern das möglich ist): »Das Metaversum ist eine virtuelle Umgebung, in der man mit anderen Menschen in digitalen Räumen anwesend sein kann«, sagte er. Es sei ein »verkörpertes Internet, in dem man sich befindet, anstatt es nur zu betrachten. Wir glauben, dass dies der Nachfolger des mobilen Internets sein wird«. Der Begriff hingegen stammt aus der Literatur. Autor Neal Stephenson ließ in seinem Roman »Snow Crash« (1992) seine Figur Hiro in ein Metaverse (Metaversum) eintauchen. In dieser Form ist es ein computergeneriertes Universum, welches in seine Brille projiziert wird. Alle Figuren des Buches pendeln zwischen der physischen und der virtuellen Welt. In der virtuellen Welt bieten zahlreiche Unternehmen Software an – auf virtuellen Grundstücken die der »Global Multimedia Pro-

50| Kovach, Steve. »Here's how Zuckerberg thinks Facebook will profit by building a 'metaverse'«. CNBC, 29. Juli 2021. https://www.cnbc.com/2021/07/29/facebook-metaverse-plans-to-make-money.html.

tocol Group« gehören. Aber auch die User müssen in Stephensons Variante bezahlen. Das wiederum erinnert ein wenig an »Second Life«, das 2003 von der Firma »Linden Lab« veröffentlicht wurde. In »Second Life« können Nutzer sich frei bewegen und eigene Gebäude errichten. Tatsächlich können die User das immer noch, den »Second Life« wird noch immer (2021) angeboten. Zusätzliche Optionen konnten für die Spielwährung Linden-Dollar erworben werden. Ob dies ein Zwischenschritt zum »Metaversum« war, bleibt abzuwarten. Bestehen bleibt jedoch die Notwendigkeit einer vernünftigen Kommunikation miteinander. Die Standards können wir miteinander heute setzen und müssen nicht auf neue Formen digitaler Netzwerke warten, um zu sehen, wie wir dann miteinander umgehen. Dann begänne der erste Schritt zu einer Verbesserung jetzt sofort. In der Mischna Awot (4,17) heißt es: »Ein Moment der *Tschuwa* (Umkehr) und der guten Taten in dieser Welt ist besser als das gesamte Leben in der *Olam Haba* (der kommenden Welt).« Später nimmt dies der Religionsphilosoph Jeschajahu Leibowitz (1903–1994) in seinen »Vorträgen über die Sprüche der Väter« auf und sagt, der Mensch gestalte die *Olam Haba* durch seine Taten und die *Mizwot*, die er tue. Eine »bessere« Welt ist die *Olam Haba*, und weitergedacht könnte man auch zu dem Schluss kommen, die *Olam Haba* sei die Zeit, die anbricht, wenn die Menschheit sich wahrhaftig zum sozialen Miteinander wendet, wie es durch die Torah vorgeschlagen wird, und sich der Mensch mit der Verbesserung der Welt beschäftigt. Dies wäre eine Utopie von einer Welt, die anbricht, wenn der Mensch beginnt, an ihr zu arbeiten – also praktisch umgehend.

Damit träfe die Tradition mit dem Begriff *Olam Haba* keine Aussage über das Jenseitige, sondern über unser Leben. Und tatsächlich, wer in diesem Moment damit beginnt, an ihr zu bauen, der erfüllt mit Leben, was mit dem Satz »Ein Moment der Tschuwa und der guten Taten in dieser Welt ist besser als das gesamte Leben in der *Olam Haba*« gemeint ist. Man hat durch Umkehr mehr erreicht als diejenigen, die in der idealen Welt leben werden, wenn sie keine Utopie mehr ist. Ob das die Zeit des Maschiach sein wird?

Einschränkungen?

Der Chofetz Chajim macht eine interessante Einschränkung all dessen, was er schreibt:

> Und das ganze Verbot von *Laschon hara* gilt nur, wenn es um Menschen geht, die die in die Kategorie »dein Nächster« *amitecha* fallen, *am sche'techa*, »ein Volk, das mit dir ist«, wie es in der Torah und in den *Mitzwot* heißt. Aber bei Menschen, von denen man weiß, dass sie »*Apikorsut*« (Häresie) unter sich haben, ist es eine *Mitzwa*, sie zu erniedrigen und zu beschämen, sowohl in ihrer Gegenwart als auch nicht in ihrer Gegenwart, in allem, was er über sie sieht oder hört. – Chofetz Chajim 1,8,5

Das sind starke Worte! Anders formuliert: Diejenigen, die aktiv gegen uns handeln, haben es nicht verdient, vernünftig behandelt zu werden. Eine Haltung, die wir vielleicht überdenken wollen, nachdem wir nun gelesen haben, was man tun kann, um die Welt zu verbessern. Und der Chofetz Chajim fährt fort damit, zu bestimmen, wer in diese Gruppe fällt. Unter anderem *Häretiker*.

Rabbiner haben sich schwer damit getan, großzügig mit dem Begriff des *Apikoros*, des Häretikers, umzugehen. Es gibt einige Texte von Raw Kook, der sich dafür ausspricht, Menschen mit abweichenden Sichten (von der eigenen religiösen Überzeugung) einfach der Häresie zu bezichtigen. Heute hat sich durchgesetzt, nichtobservante Jüdinnen und Juden als *tinok schenischba bejn hanochrim* zu betrachten – als Kind (wörtlich Säugling), das unter Nichtjuden in Gefangenschaft ist und dort erzogen wurde. Nicht gerade ein Kompliment, nicht-observante Jüdinnen und Juden als Säuglinge zu betrachten, aber es erlaubt das Eingehen aufeinander und Schritte aufeinander zu. Der Status des Häretikers würde diese Tür vollständig verschließen.

Nichtjuden?

Und wie sieht es mit nichtjüdischen Menschen aus? Das Zitat aus den Pirkej Awot (3,14) von Rabbi Akiwa gilt für Nichtjuden und Juden:

> Er pflegte zu sagen: Geliebt ist der Mensch, denn er wurde nach dem Bilde [G!ttes] (*betzelem Elohim*) geschaffen. Besonders geliebt ist er, weil ihm offenbart wurde, dass er nach dem Bilde G!ttes erschaffen wurde, wie es heißt: »Denn nach dem Bilde G!ttes schuf er den Menschen« (Bereschit 9,6).

Rabbi Akiwa unterstreicht mit diesem Satz das göttliche Ebenbild in jedem menschlichen Wesen und lädt uns allen damit eine große Verantwortung auf. Wenn wir die Ebenbildlichkeit anerkennen, dann wird es schwer, sich über mein Gegenüber zu erheben, lustig zu machen oder es zu demütigen. Jemand, der sich dies ständig vor Augen führt, kann eigentlich im Umgang mit Menschen nichts falsches tun.

Wie wir auf die Idee kommen, die gesamte Menschheit sei gemeint? Der Mischnakommentar Tosafot Jom Tow von Rabbiner Jom-Tow Lipmann Heller (etwa 1579 – 1654) schreibt genau das. Schauen wir in den gesamten Kommentar zu oben zitierten Mischna:

> Raschi schreibt: Der Mensch ist ein geliebtes Wesen, denn er wurde nach Seinem Bild erschaffen. Deshalb muss er den Willen seines Schöpfers tun. R. Akiwa sprach von *allen* Menschen, da der Vers, den er zum Beweis zitiert, zu allen Söhnen Noachs gesagt wurde und nicht nur zu den Söhnen Jisraels. R. Akiwa wollte für alle Menschen, auch für die Noachiden, eine Ehre sehen.

Der Talmud Jeruschalmi (Schewiit 4,2) gibt uns eine ähnliche Maxime mit auf den Weg:

> Und es sprechen nicht die Vorbeigehenden: HaSchems Segen über euch – wir segnen euch im Namen HaSchems (Tehillim 129,8). Die Heiden sagen nicht zu uns: HaSchems Segen über euch, aber wir rufen ihnen doch zu: »Wir segnen euch im Namen HaSchems.«

Aber natürlich finden wir auch im Talmud Bawli (Gittin 45a) ähnliche Aussprüche, die vor zweckgebundenem Wohlwollen warnen:

> Das Wohlwollen für die Mitmenschen muss

sich auch auf den Nichtjuden erstrecken, der vom Götzendienst nicht lassen will.

Später im Traktat (Gittin 61a) heißt es auch:

Man versorgt die Armen der Nichtjuden zusammen mit den Armen der Juden, um der Eintracht willen (*mipnej darkej schalom*); man plfegt die Kranken der Nichtjuden wie die Kranken der Juden; man bestattet die Toten der Nichtjuden wie die Toten der Juden.

Rav Kook, schrieb dazu ebenfalls in seinem Werk »Orot haKodesch«:

Die Liebe zu allen Geschöpfen muss sehr viele anspruchsvolle Prüfungen bestehen und viele Widersprüche überwinden, die wie störende Felsen auf dem Wege liegen. Als isolierten Aussagen, als oberflächliche Deutung bestimmter Halachot und einer Vielzahl von Lehren, die aus dem *tzimtzum* der wörtlichen Bedeutung der Torah und der nationalen Moral gezogen werden.

– Orot Hakodesch, Bd. 3, S. 318

Ein Wunsch

Enden wir mit dem Abschluss der *Schmoneh Essre*. Dreimal täglich bitten wir, dass es gelingt, nichts böses zu sagen – was wiederum ein Zitat aus dem Talmud ist (Berachot 17a):

> Mein G!tt, bewahre meine Zunge vor Bösem und meine Lippen. Falsches zu reden, denen gegenüber, die mir fluchen, schweige meine Seele, und es sei meine Seele wie Staub allem gegenüber. Öffne mein Herz deiner Lehre, und deinen Geboten jage meine Seele nach, und alle, die Böses gegen mich sinnen, bald vereitle ihren Rat und zerstöre ihre Pläne. Tue es um deines Namens willen, tue es um deiner Rechten willen, tue es um deiner Heiligkeit willen, tue es um deiner Torah willen.

Es ist wichtig, die positiven Energien mitzunehmen und die negativen zurückzulassen. Mar Sutra aus dem Talmud hatte seine eigene Strategie dafür:

> Mar Sutra pflegte beim Zubettgehen zu sahen: Es möge jedem verziehen sein, der mich gekränkt hat. – Megilla 28a

Wir mehren das Licht. Besser als Rav Kook kann man es kaum formulieren:

> Die wirklich Gerechten klagen nicht über die Dunkelheit, sondern mehren das Licht; sie klagen nicht über das Böse, sondern mehren die Gerechtigkeit; sie klagen nicht über die Ketzerei, sondern mehren den Glauben; sie klagen

nicht über die Unwissenheit, sondern mehren die Weisheit.

– *Arpilei Tohar*, Rabbiner Abraham Jitzchak Kook

Zum Autor

Chajm Guski (Jahrgang 1978) meldete 1998, als das Internet in Deutschland gerade so anrollte, die Website talmud.de an und stellte auf dieser Informationen eines kleinen Autorenkreises zum Judentum zur Verfügung. Laut (der großartigen) Juna Grossmann ist er der »G!dfather of Jewish blogging« (in Deutschland, so heißt es auf netzkolumnistin.de und SPIEGEL online), vermutlich deshalb, weil er seit 2004 über jüdische Themen in deutscher Sprache bloggt und damit zu den *Pionieren* im deutschsprachigen Bereich gehörte. Natürlich ist er auch bei Twitter, Facebook und Instagram unterwegs, testete aber auch google+ (guter Versuch). Vom Trend des Jahres 2021 *Clubhouse* hielt er sich fern.

Seit 2019 auch einer der beiden Podcast-Hosts von »Anti und Semitisch« – der Gegenpart ist Juna Grossmann, laut WDR »Schrill, Schräg, Jüdisch«.

In der Jüdischen Allgemeinen erscheinen seit 2006 feuilletonistische, satirische und erklärende Texte. Einige dieser Texte sind auch in dieses Büchlein hier eingeflossen. Zuweilen kann es vorkommen, dass er im Hörfunk oder Printmedien ein Thema beleuchtet. In den erklärenden Texten hat er die Absicht, *halachische* Diskussionen so darzustellen, dass viele Leser den Argumenten folgen können und verstehen, warum diese oder jene Entscheidung getroffen worden ist.

Chajm fällt es besonders schwer, die Regeln zu *Laschon hara* einzuhalten. Hier gibt es definitiv den größ-

ten Nachholbedarf. Nahezu »normal« scheint der all-
tägliche Austausch über Dritte.

Nahezu alle Kanäle sind hier gelistet:

bio.link/chajmke

Quelltexte — Wer ist wer?

Bachja ben Josef ibn Pakuda Philosoph und Rabbiner, der in der ersten Hälfte des elften Jahrhunderts in Zaragoza lebte. Von ihm stammt das Werk *Chowot haLewawot – Pflichten des Herzens*.

Bamidbar Das 4. Buch der Torah (auch Numeri genannt)

Bereschit Das 1. Buch der Torah (auch Genesis gennant)

Chofetz Chaim (wörtlich, »derjenige, der nach dem Leben verlangt«) ist das Hauptwerk von Rabbi Jisrael Meir Kagan (1838 – 1933), der später auch als *Chofetz Chaim* bekannt wurde. Das Buch befasst sich mit der jüdischen Ethik und den Gesetzen der Rede. *Chafetz Chaim* gilt als die wichtigste Quelle zu diesem Thema und ist auch Vorbild für diesen Leitfaden.

Dewarim Das 5. Buch der Torah (auch Deuteronomium genannt)

Feinstein, Mosche Rabbiner Mosche Feinstein (1895–1986) war ein bedeutender *Posek* (Entscheider) halachischer Fragen. Er stand der Jeschiwah Mesivtha Tifereth Jerusalem in New York vor. Seine Responsen sind in dem Werk *Igrot Mosche* gesammelt. Einige seiner Kommentare zur Torah sind im Werk *Derasch Mosche* zusammengefasst.

Ijow Das Buch Hiob.

Jonah Gerondi Rabbiner Jonah ben Abraham Gerondi (starb 1264), er wird in der Literatur auch Jonah von Girona und Rabbeinu Jonah genannt. Er war ein katalanischer Rabbiner. Neben seinem Kommentar zu den *Pirkej Avot* ist er auch für sein Werk *Scha'arej Teschuwah* (die Tore der Umkehr) bekannt.

Maimonides Rabbiner Mosche ben Maimon (aus den ersten Buchstaben seines Namens bildet sich das Akronym *Rambam*). Er lebte von 1135 bis 1204 und war wohl der wichtigste Gelehrte des Mittelalters. Die *Mischne Torah* ist eine bedeutende halachische Schrift. Die Übersetzungen aus der *Mischne Torah* in diesem Buch sind überarbeitete Fassungen der Übertragung von Leon (Arje-Leib) Mandelstam(m) (1819–1889). Die vollständige (unbearbeitete) Übertragung ist online auf talmud.de zu finden.

Me'iri siehe *Menachem Me'iri*

Menachem Me'iri Menachem ben Schlomoh Me'iri oder einfach *HaMe'iri* (1249 - 1315) war ein katalanischer Rabbiner. Neben seinem Talmudkommentar *Bejt HaBechirah* hat er einen bekannten Kommentar zu den *Pirkej Awot* verfasst.

Mischlej Das Buch der Sprüche.

Mischne Torah siehe *Maimonides*

Nachmanides siehe *Ramban*

Orchot Tzadikim (auch *Sefer Ha-Middot*) Werk eines anonymen Verfassers. Es ist in Deutschland entstanden. Etwa zwischen den Jahren 1400 und 1500 n. Chr.). Das Buch enthält in erster Linie ethische Lehren.

Pirkej Awot wörtlich übersetzt »Kapitel der Väter«. Die *Pirkej Awot* sind eine Sammlung ethischer Lehren und Maximen aus der rabbinischen Tradition und als »Awot« Teil der Mischna. Diese Mischna hat nahezu keine Halacha.

Rabbeinu Jonah Siehe *Jonah Gerondi*

Rambam siehe *Maimonides*

Ramban steht für **Ra**bbi **Mo**sche **ben N**achman

(*Nachmanides*). Er lebte von 1194–1270 in Spanien. 1263 musste er an der Disputation von Barcelona teilnehmen. Er ist Verfasser des *Iggeret haKodesch* und zahlreicher anderer halachischer Werke und Kommentare.

Ramchal steht für **Ra**bbi **M**osche **Cha**jm Luzzatto. Er lebte von 1707 bis 1746. Er wurde in Padua geboren und starb in Akko. In Amsterdam schrieb er sein Werk *Mesillat Jescharim*. Mit seinem Werk wollte Luzzatto beschreiben, wie man seinen Charakter vollkommen in den Dienst G!ttes stellt.

Raschi Schlomo Jizchaki, auch Schlomo ben Jizchak, Schelomo ben Isaak oder Salomo ben Isaak, Raschi ist ein Akronym für *Rabbi Sch*lomo ben Jizchak (geboren 1040 in Troyes; gestorben am 5. August 1105 ebenda) war ein französischer Rabbiner und DER Kommentator des Tanach und Talmuds.

Schemot Das 2. Buch der Torah, auch Exodus genannt.

Sifra Ein Midrasch aus der Zeit der Tanaaniten. Er wurde zum Buch *Wajikra* verfasst und wird auch *Torat Kohanim* genannt.

Sefer Chassidim Dieses Buch hat nichts mit der

Chassidischen Bewegung zu tun. Es stammt von Jehuda haChassid, der etwa von 1150 bis 1217 in Deutschland gelebt hat.

Sefer haChinuch Werk eines anonymen Verfassers. Es ist in Spanien entstanden. Etwa zwischen den Jahren 1255 und 1285. Das Sefer haChinuch (Buch der Erziehung) behandelt systematisch 613 Gebote der Torah.

Tehillim Das Buch der Psalmen.

Torah Die fünf Bücher Mose (Mosche), zuweilen auch Pentateuch genannt und ganz häufig *Chumasch* (Fünfbuch, was wiederum *Pentateuch* in griechischer Sprache heißt)

Wajikra Das 3. Buch der Torah (auch Levitikus genannt)

Weitere Werke für eigene Recherchen

In deutscher Sprache scheint kein »Standardwerk« zum Thema *Laschon Hara* zu existieren. In deutscher Übersetzung sind bisher erschienen (die Übersetzungen in diesem Buch stammen nicht aus diesen Ausgaben):

Auszug aus dem Sefer Chofez Chajim Von Rabbiner Jisrael Meir Kagan, Verlag die Jüdische Zeitung, Zürich, 2005

Schmiras Haloschoin Von Rabbiner Jisrael Meir Kagan, Verlag die Jüdische Zeitung, Zürich, 2004

Andere halachische Werke (in Auswahl):

Derech HaAtarim von Rabbiner Abraham Maicon haLewi. Beschäftigt sich mit Halachot zum Internet. Jerusalem, 2014

Marpei Laschon Vielleicht das einzige Periodikum, das sich mit *Laschon hara** befasst. Wird seit 1979 vom »Wa'ad Lemaan Schmiert haLaschon« herausgegeben.

Ohew Jamim von Rabbiner Josef Jitzchak Pinter.

Beschäftigt sich mit Halachot zu *Laschon hara.*

Lakewood, 2012

Literatur

Eckert, Till, Cristina Helberg, und Tania Röttger. „Der Geschichtenerzähler: Beim »Gatestone Institute« entstehen Falschmeldungen, die bis nach Deutschland wandern". *Correctiv. org* (blog), 24. Mai 2019. https://correctiv. org/faktencheck/hintergrund/2019/05/24/ der-geschichtenerzaehler-beim-gatestone- institute-entstehen-falschmeldungen-die-bis- nach-deutschland-wandern/.

Eichhorn, Kate. *The End of Forgetting: Growing Up with Social Media.* Cambridge, 2019.

Fan, Rui, Jichang Zhao, Yan Chen, und Ke Xu. „Anger Is More Influential than Joy: Sentiment Correlation in Weibo". Herausgegeben von Rodrigo Huerta-Quintanilla. *PLoS ONE* 9, Nr. 10 (15. Oktober 2014): e110184. https://doi. org/10.1371/journal.pone.0110184.

Geier, Julius. „So erklärt Philipp Amthor sein Foto mit den Neonazis". *Tagesspiegel.* 21. Juli 2021. https://www.tagesspiegel.de/politik/bei- reitturnier-in-mecklenburg-vorpommern-so-

erklaert-philipp-amthor-sein-foto-mit-den-
neonazis/27434764.html.

Guski, Chajm. „Danke für Nichts, Jan Böhmermann". Blog. *Chajms Sicht* (blog), 27. März 2017. https://www.sprachkasse.de/ blog/2017/03/27/danke-fuer-nichts-jan-boehmermann/.

Kahnemann, Daniel und Aaron Tversky »The Framing if Decisions and the Psychology of Choice«, in Science 211, Nr. 4481 vom 30. Januar 1981, Seiten 453 –458

Kovach, Steven. „Here's how Zuckerberg thinks Facebook will profit by building a 'metaverse'". *CNBC*, 29. Juli 2021. https://www.cnbc. com/2021/07/29/facebook-metaverse-plans-to-make-money.html.

Liu, Charles. „Chinese Guy, Angry at Embarrassing Photos Circulating Online, Tries to Destroy the Internet". *The Nanfang* (blog), 26. August 2016. https://www.thenanfang.com/man-tries-prevent-online-humiliation-destroying-public-internet-routers/.

Loprieno, Antonio. *Ancient Egyptian: A Linguistic Introduction.* Cambridge ; New York:

Cambridge University Press, 1995.

Majeski, Shlomo. *Simcha - Das Buch zur Freude (aus der Sicht des Chassidismus)*. Übersetzt von Miriam Magall. Basel: Books'n Bagels GmbH, 2021.

Meshi, Dar, Carmen Morawetz, und Hauke R. Heekeren. „Nucleus accumbens response to gains in reputation for the self relative to gains for others predicts social media use". *Frontiers in Human Neuroscience* 7 (2013). https://doi.org/10.3389/fnhum.2013.00439.

Nyhan, Brendan, und Jason Reifler. „When Corrections Fail: The Persistence of Political Misperceptions". *Political Behavior* 32, Nr. 2 (Juni 2010): 303–30. https://doi.org/10.1007/s11109-010-9112-2.

Ramsey, A.M. „The speed of the Roman Imperial Post". *Journal of Roman Studies* 15 (1925): 60–74.

Sacks, Jonathan. *The Dignity of Difference: How to Avoid the Clash of Civilizations*. London: Continuum, 2002.

Sayce, David. „The Number of tweets per day in 2020", 2021. https://www.dsayce.com/social-media/tweets-day/.

Schulz, Kathryn. *Being Wrong: Adventures in the Margin of Error.* First Ecco Paperback edition. New York: Ecco, 2011.

Shlain, Tiffany. „Tech's Best Feature: The Off Switch". *Harvard Business Review,* 1. März 2013.

Star Wars: Episode I, *Die dunkle Bedrohung,* 1999

Weinreb, Tzvi Hersh, Hrsg. *The Koren Tehillim* Übersetzt von Eli Cashdan. The Rohr Family edition, First edition. Jerusalem: Koren Publishers, 2015.

Register jüdischer Quellen

Tanach

Mischna

Talmud und Midrasch

Halachische Literatur/Mussar